Dr. Emmi Pikler

Friedliche Babys – zufriedene Eltern

Das Buch

Jedes Kind hat sein eigenes Tempo. Seine Persönlichkeit und Selbständigkeit entfalten sich durch die Vermittlung von Geborgenheit und eine achtsame, zugewandte Umgangsweise. Denn Babys und Kleinkinder sind kompetenter als wir glauben. Wir müssen ihnen nur Zeit lassen, dann nehmen sie ihre Entwicklung selbst in die Hand. Nur so können sie zu harmonischen Persönlichkeiten reifen, werden weder über- noch unterfordert. Und so können auch Mütter und Väter zufrieden sein.

Der umfangreiche Bildteil veranschaulicht, wie Kinder frei ihre jeweiligen Möglichkeiten entwickeln, ohne dass sie in ein Korsett von Normen (jetzt müsste unser Kind doch eigentlich schon krabbeln, laufen, sprechen können und so weiter) gepresst werden. Emmi Piklers Buch ist der Klassiker für einen achtsamen und individuellen Umgang mit Babys.

Die Autorin

Emmi Pikler (1902–1984) war Kinderärztin. Nach dem Studium in Wien eröffnete sie eine Praxis in Budapest. Sie entwickelte eine von Achtsamkeit geprägte Kleinkindpädagogik. Ihre Methode ist international unter dem Begriff Pikler-Pädagogik bekannt. Ihre Publikationen zum Thema Erziehung, Pflege, Entwicklung und ihre Bedingungen im frühen Kindesalter stießen auf breite Resonanz und wurden teils in mehrere Sprachen übersetzt.

Dr. Emmi Pikler

Friedliche Babys – zufriedene Eltern

Vom achtsamen Umgang mit unseren Kindern

Aus dem Ungarischen von Eva Schönwald

HERDER

FREIBURG · BASEL · WIEN

Titel der ungarischen Originalausgabe: MIT TU D MÄR A BABA?
Fotos: Marian V. Reismann, Budapest

MIX
Papier | Fördert gute Waldnutzung
FSC® C014496

Taschenbuchneuausgabe 2021

Bei Fragen zur Produktsicherheit wenden Sie sich an
produktsicherheit@herder.de

Umschlaggestaltung: Verlag Herder
Umschlagmotiv: © bedya/iStock/ID: 1041508520

Satz: Carsten Klein, Torgau
Herstellung: GGP Media GmbH, Pößneck

Printed in Germany

ISBN 978-3-451-03320-9

Inhalt

Einleitung

Die Illustrationen sind am Ende des Buches zu finden, einerseits aus technischen Gründen, andererseits weil die Bilder und hauptsächlich die dazugehörigen Erläuterungen erst nach dem Lesen des Buches richtig verständlich sein werden. Dennoch bitte ich meine Leser, die Bilder, schon bevor sie das Buch zu lesen beginnen, durchzublättern und – vorläufig nur flüchtig – durchzuschauen. Ich glaube, dass dadurch das, was ich im Buch zu sagen habe, für sie klarer, verständlicher, einleuchtender sein wird.

Diese Bilder stellen heitere, zufriedene Säuglinge dar. Ich denke, dass man ihnen das ansieht. Ich kenne sie alle gut. Ihre Tage verlaufen in annähernd ähnlicher Weise: Morgens wachen sie auf, bewegen sich still, oder sie lallen, sprechen, singen, spielen für sich allein. Im Allgemeinen weinen sie selten – manchmal tagelang nicht – und nur dann, wenn ihnen etwas wehtut, wenn ihnen etwas fehlt. Kommt der Morgen, dann grüßen sie lächelnd die zu ihnen tretende Mutter oder den Vater. Das Frühstück essen sie mit gutem Appetit und bleiben ebenso heiter und friedlich, wenn sie dann wieder allein gelassen werden. Sie plaudern, schauen um sich, strampeln, spielen weiter. Auf diese Weise verbringen sie den größten Teil des Tages. Werden sie schläfrig, dann schlafen sie ein, ohne dass sich jemand darum bemühen muss. Jede Mahlzeit, jede Pflegehandlung, jedes Zusammensein mit den Eltern verläuft friedlich, freudig.

Wie kommt es, dass so viele Säuglinge sich so anders verhalten? Eine große Anzahl der Säuglinge erwacht morgens weinend, weint oft tagsüber. Sie gönnen ihrer Umgebung keine Minute Ruhe, sie weinen so lange, bis man sie aufnimmt oder sich mit ihnen anderweitig beschäftigt. Sie beanspruchen ständige Aufmerksamkeit, sie selbst aber sind unfähig, ihre Aufmerksamkeit längere Zeit auf etwas zu konzentrieren. Sie bemühen sich – meistens mit dem einzigen Mittel, das sie kennen, mit ausdauerndem Schreien –, die Aufmerksamkeit ihrer Umgebung auf sich zu lenken. Sie sind unruhig, verdrießlich, »nervös«. Allein gelassen, können sie nichts mit sich anfangen.

Habe ich vielleicht besonders *friedlich veranlagte* Säuglinge ausgewählt? Nein. Jeder Säugling wäre friedlich, hätte man ihn nicht anders erzogen. Kein Kind wird »nervös« geboren in dem Sinne, wie man das von den Erwachsenen sagt. Würde man die ihnen eigenen Bedürfnisse berücksichtigen, dann wäre jeder gesunde Säugling heiter und ruhig.

Ist das so schwer zu verwirklichen?

Durchaus nicht. Nur müsste jede Mutter stets einiges vor Augen haben.

Vor allem müsste jede Mutter lernen, dass das Kind kein Spielzeug ist. Der Säugling ist nicht dazu da, dass er die Eltern, die Großeltern, die Geschwister, Verwandte und Bekannte amüsiert, sie ihn von früh bis spät herumtragen, kitzeln, mit ihm herumtanzen und so weiter. Eiserne Nerven müsste das Kind haben, das darauf nicht mit viel Weinen, Unruhe, »Nervosität« reagierte. Wie würde sich wohl ein Erwachsener fühlen, wenn er monate- oder jahrelang wie in einer Zirkusmanege leben müsste , wo das Publikum ständig, ununterbrochen nur ihn betrachtete, sich nur mit ihm beschäftigte?

Auch sollte die Mutter lernen, dass das Kind kein Gegenstand des Wettbewerbs ist. »Was kann das Baby schon?«, fragen einander die Eltern, auch Verwandte, Bekannte, wenn sie sich begegnen. »Kann es schon sitzen, stehen, gehen …?« Weil das »andere« schon dies oder jenes kann; wie oft zwingt man das Kind zum Essen, nur weil das »andere« schon einige Pfunde mehr wiegt; oder man zwingt das Kind zum Sitzen oder Stehen; man wiederholt ihm einzelne Worte bis zum Überdruss, weil das »andere« schon Papa oder Mama sagt.

Armer Säugling! Was alles muss er so schnell wie möglich können! Und warum muss er das, wem nützt das? Wem schadet es, wenn das Kind etwas nicht »termingerecht« erlernt? Der genaue Zeitpunkt, *wann* ein Säugling etwas lernt, ist für seine spätere Entwicklung gleichgültig. Doch wenn er immer etwas üben muss, wozu er noch nicht reif ist, kann das auf sein ganzes späteres Leben eine ungünstige Wirkung haben.

Vergessen wir nie, dass der Säugling auch ein Mensch ist, mit individuellen Anlagen, mit individuellem Nervensystem; lenken, erziehen können wir ihn nur dann, wenn wir das beherzigen.

Natürlich gilt das nicht nur für das Säuglingsalter. Ich erachte es aber für besonders wichtig, gerade im Zusammenhang mit Säuglingen die Aufmerksamkeit darauf zu lenken. Den Zustand größerer Kinder können wir leichter nachfühlen und daher wahrnehmen. Wir können leichter beurteilen, ob das Kind in einem guten oder in einem schlechten Zustand ist. Niemand hält zum Beispiel ein Kind für gut gelaunt, das traurig herumsitzt, aber auflacht, wenn man es kitzelt. Doch habe ich schon oft erlebt, dass man den Zustand eines Säuglings als »gut« bezeichnet, weil er auflacht, wenn man ihn kitzelt, wie unglücklich er im Allgemeinen auch sein mag.

Ich bedauere die wehrlosen Säuglinge. Aus Mangel an Erfahrung oder aufgrund nicht entsprechender Kenntnisse stören die Eltern oft in der besten Absicht die Entwicklung ihrer Kinder im Säuglingsalter. Ich bedauere sie umso mehr, da gerade die ersten Jahre die Grundlage bilden, auf der alles, was in den späteren Jahren folgt, sich aufbaut.

Natürlich wäre es ein Irrtum, zu meinen, dass wir die Kinder durch richtige Erziehung zu vollkommenen Wesen gestalten könnten. Ebenso wenig geht jedes unrichtig behandelte Kind zugrunde. Durch sinnvolle Erziehung können wir aber erreichen, dass jedes Kind innerhalb seiner eigenen Fähigkeiten sich so gut wie möglich entwickelt.

Es würde mich freuen, wenn dieses Buch helfen könnte, das Leben wenigstens einiger Kinder und ihrer Eltern zu erleichtern.

Theoretische Grundlagen zu der in diesem Buch beschriebenen Verhaltensweise bei der Erziehung findet man in diesem Buch von Heinrich Jacoby: »Jenseits von ›Begabt und Unbegabt‹« im Hans Christians Verlag, Hamburg.

Ich möchte an dieser Stelle Frau Ute Strub, Freiburg, und Frau Margaret Locher, Zürich, herzlichst danken für ihre Bemühungen um die Publikation dieses Buches und für ihre unermüdliche freundliche Zusammenarbeit bei den nötigen Kürzungen und bei der sprachlichen Bearbeitung der endgültigen Fassung des Manuskriptes.

Oktober 1981 *Dr. Emmi Pikler*

Erziehung zum Weinen

Warum weint das neugeborene Kind? Weil es sich oft nicht wohlfühlt. Es war an etwas Besseres gewöhnt. An Stille und Ruhe, an Dunkelheit und an gleichmäßige, angenehme Temperatur. Die Nahrung kam fertig zu ihm. Es musste nicht atmen. Es war keinem stärkeren Druck, keiner Reibung ausgesetzt, schwamm es doch beinahe neun Monate lang frei. Die Geburt ist die erste sehr unangenehme Erfahrung des Kindes, und dann folgt eine Unannehmlichkeit nach der anderen. Hunger, Durst, mehr oder weniger harte, seine Bewegung hemmende und seinen Körper reibende Wäsche, Windeln.

Das Neugeborene muss sich an vielerlei Unveränderbares gewöhnen. Diese Gewöhnung nimmt viele Wochen in Anspruch, und während sie sich vollzieht, weint das Kind öfters.

Ein empfindlicheres Kind weint in den ersten Tagen, manchmal sogar in den ersten Wochen oft. Besonders die mageren Neugeborenen mit geringem Geburtsgewicht, sogenannte »nervöse« Kinder. Das Gegenteil sind die Kinder, die von Anfang an die Nacht, manchmal sogar die Tage durchschlafen und auch wach ruhig sind. Das Durchschnittskind aber weint in den ersten fünf bis acht Wochen ziemlich viel, aber es schläft auch viel.

Während der ersten zwei bis drei Monate gewöhnt sich jeder gesunde, sich gut entwickelnde Säugling an die geringeren Unannehmlichkeiten des Lebens, an das stärkere Licht, an gewissen Lärm, an das leichte Bauchgrimmen und so weiter. Er gewöhnt sich an diese, er bewältigt sie, ist immer länger friedlich wach. Im Laufe von zwei bis drei Monaten weint auch das unruhige Neugeborene nicht mehr als das ruhige, höchstens ist die Art, wie es weint, anders. Nach zwei bis drei Monaten weint der Säugling – falls er entsprechend versorgt wird – im Allgemeinen nur dann, wenn er heftiges Unbehagen fühlt oder Schmerzen hat, und beruhigt sich, wenn diese beseitigt werden.

Der gesunde, zwei bis vier Monate alte Säugling, falls er entsprechend versorgt wird, schläft im Allgemeinen schon die Nacht durch. Auch am Tage schläft er viel. Ist er wach, probiert er seine Stimme, er lächelt, strampelt, reckt sich, schaut herum, lutscht seinen Finger. Er ist also den größten Teil des Tages friedlich, heiter und beschaulich.

Jeder gesunde Säugling könnte sich so benehmen – ja, so sollte es sein.

Sehr oft aber verhalten sich Kinder leider ja doch nicht so; je älter der Säugling wird, umso öfter, umso anhaltender und zielbewusster weint er. Wie oft hören wir: »Das Kind weint in einem fort, wenn es allein ist.« – Oder: »Es weint, wenn wir uns nicht mit ihm beschäftigen, wenn wir es nicht aufnehmen.« – »Es weint so lange, bis wir es wiegen.« – »Man muss es in den Schlaf singen, sonst weint es und schläft nicht ein.« All das ist nur das Ergebnis von Fehlern in der Pflege und in der Erziehung.

Anfangs weint der Säugling öfters, wie ich schon erwähnte. Was müssen wir tun, damit er nicht weint?

Gar nichts.

Nämlich: *gar nichts gegen das Weinen.*

Selbstverständlich müssen wir aber alles tun, um die Lage des Neugeborenen den Umständen gemäß möglichst erträglich zu gestalten. Wir müssen für seine Ruhe sorgen, dafür, dass niemand und nichts den Säugling stört, dafür, dass er womöglich in gleichmäßiger Wärme ist. Achten wir darauf, dass er von grellem Licht, starkem Lärm verschont bleibt. Halten wir ihn in Ordnung und sauber. (Das bedeutet jedoch nicht, dass man ihn halbstündlich trockenlegt.) Gewähren wir ihm freie Bewegung. Seine Kleidung soll weich und locker sein. Pflegen wir seine Haut, sorgen wir für systematische, ausreichende Nahrung in entsprechenden, auf die Bedürfnisse des Kindes abgestimmten Abständen, wo es möglich ist, an der Brust.

Dem weinenden Säugling müssen wir also helfen. Wir müssen versuchen, die Ursache zu beseitigen, und das Kind wird sich in kurzer Zeit beruhigen. Wenn das nicht gelingt, dürfen wir es natürlich nicht verzweifelt weinen lassen; konnten wir ihm nicht helfen, nehmen wir es in die Arme, beschwichtigen wir es, und sobald es sich beruhigt hat, legen wir es wieder in sein Bettchen. In der Regel wird es sich dort gut zurechtlegen und ruhig einschlafen.

Auch nachts müssen wir uns so verhalten. Es hat sich gezeigt, dass wenn wir das Neugeborene nachts hungern und schreien lassen, dies nicht der richtige Weg ist, um später das »ruhige Durchschlafen« zu erreichen. Im Gegenteil, wenn das tagsüber gut versorgte Neugeborene – falls es nachts aufwacht und weint – auch in der Nacht beruhigt wird, gefüttert wird, so wird es binnen einiger Wochen ohne jegliches Schrei-Training, das es nur unruhig und unsicher macht, die Nacht durchschlafen.

Sehr oft handeln Mütter aber ganz anders: Wenn das Neugeborene zu weinen beginnt, springen sie einer mechanischen Routine folgend auf, und anstatt zu versuchen, den Grund des Weinens zu erforschen, nehmen sie das Kind auf, legen es trocken, gehen mit ihm auf und ab, wiegen es, singen, wollen es einfach beschwichtigen und übersehen dabei die wirkliche Hilfe, die es bräuchte.

Näher betrachtet: Worin besteht eigentlich diese Art des Beschwichtigens?

Man trägt das Neugeborene auf und ab, wiegt es. So werden weder seine eventuellen Schmerzen noch seine kleineren Unbequemlichkeiten behoben, wenn es friert oder ihm zu warm ist und so weiter, noch wird sein schlechtes Allgemeinbefinden gebessert. Doch es wird still, falls der Grund seines Unbehagens nicht zu heftig ist. Der Säugling wird still, er wird ein wenig betäubt. An diese leichte Betäubung gewöhnt er sich, und mit der Zeit wird diese für ihn zur Lebensnotwendigkeit wie dem Raucher das Nikotin, dem Alkoholiker das Getränk. Er kann und will nicht darauf verzichten. In der Regel besteht dieser Anspruch auch, wenn das Kind sonst durch nichts gestört wird.

Dasselbe gilt auch für das »Ablenken« der Kinder.

Man »beschäftigt sich« mit dem Kind, man tanzt, man babbelt, man klappert, man pfeift, man singt, man dreht das Radio an. Der Säugling gewöhnt sich an all das, und ebenso wie beim Gewiegtwerden findet er Geschmack daran und will es später nicht entbehren.

Er gewöhnt sich auch daran, Mittelpunkt zu sein im Kreise der Erwachsenen, daran, dass wenn er wach ist, man sich immer mit ihm beschäftigt, und er versucht gar nicht, sich allein mit etwas zu beschäftigen.

Der Teufelskreis schließt sich also:

1. Das Neugeborene friert, oder ihm ist zu warm, irgendetwas drückt es, es ist hungrig und weint. Sooft es weint, nimmt die Mutter es auf, wiegt es, besänftigt es und so weiter, ohne zu helfen.
2. Das Kind gewöhnt sich daran, herumgetragen, gewiegt zu werden. Unterlässt man dies, fehlt es ihm, es fühlt sich also nicht wohl und weint. Weint es, wird es auf den Arm genommen, gewiegt, beschwichtigt, und das Ganze fängt von Neuem an.
3. Später kommt das Kind darauf, dass es diese angenehmen Dinge, die allmählich für es lebensnotwendig wurden – herumgetragen, gewiegt, amüsiert zu werden –, immer erhält, sobald es zu weinen beginnt. Von da an weint es sehr oft nur darum, weil es gewiegt, herumgetragen, amüsiert werden möchte.
4. Da sich das Weinen so gut bewährt hatte, drückt es später alle seine Wünsche durch Weinen aus. Im engsten Sinne des Wortes: »Es erweint sich alles.«

Es ist keine Übertreibung, dass man auf diese Weise das Neugeborene sozusagen dazu erzieht, es an das Weinen gewöhnt. Als ob man direkt darauf aus wäre, dass es möglichst viel weine. Sein Weinen könnte sich auf einen Bruchteil verringern, würde man es ruhig an die freien Bewegungen, an die bequeme Lage in seinem Bettchen gewöhnen und nicht an das Herumgetragenwerden oder Wiegen.

Es ist aber ein Irrtum, dass »der Säugling weint, weil er nass ist«. Tatsache ist zwar, dass man beim Wickeln den weinenden Säugling meistens feucht findet. Aber feucht würden wir ihn beim Wickeln meistens auch dann finden, wenn er nicht weint.

Irrtum ist, dass der Säugling in den ersten Monaten »weint, weil es dunkel ist«, und dass er die Dunkelheit nicht mag, Angst davor hat. Im Gegenteil: Die Dunkelheit beruhigt ihn, er hat sie gern, kam er doch aus dem Dunkeln; an das Licht muss er sich erst gewöhnen.

Irrtum ist, dass der Säugling »Gesellschaft beansprucht«, dass er »weint, weil er allein ist und sich langweilt«. Je weniger man den Säugling stört, desto besser fühlt er sich.

Irrtum ist, dass ein Neugeborenes nur in den Armen der Mutter sich wohl- und geborgen fühlt oder nur wenn es wenigstens die Mutter sieht. Ein gut versorgter Säugling liegt, wenn seine Bedürfnisse befriedigt wurden - und entsprechend gekleidet –, friedlich, ruhig und weit bequemer, beweglicher in seinem Bettchen.

Irrtum ist, dass ein in Ruhe, Stille und Frieden erzogener Säugling »später den Lärm nicht erträgt« und davon »nervös wird«. Im Gegenteil: Ein von Anfang an mit Lärm und Geräusch umgebener Säugling wird nicht nur später, sondern gleich nach der Geburt nervös. Das Neugeborene empfindet auch die ganz stille Welt als geräuschvoll und beunruhigend und gewöhnt sich schwer an sie, so schwer, dass dies Monate in Anspruch nimmt. Erst dann kann allmählich Unruhe, Geräusch und Lärm kommen.

Leider sind wir Erwachsenen mehr oder minder ungeduldig, unruhig und beunruhigend, und dadurch werden unsere Kinder auch früher oder später unruhig.

Es handelt sich hier also nur darum, was vorteilhafter ist: unmittelbar nach der Geburt und schonungslos oder erst später und allmählich das Kind den beunruhigenden Einflüssen auszusetzen, vor denen wir es keinesfalls vollkommen behüten können. Die ersten Lebensjahre des Menschen, und innerhalb dieser die ersten Monate, sind von entscheidender Bedeutung für die spätere Entwicklung des Individuums. Das ist die Basis, auf der sich alles Spätere aufbaut. Ist diese Basis fest, kann der Bau stärkere Erschütterungen ertragen. Wir versuchen darum besonders in der ersten Zeit, im frühesten Alter, dem Kinde die günstigsten Verhältnisse zu sichern, weil wir ihm dadurch einen solchen Vorteil in seiner Entwicklung bieten, der ihm im Laufe seines ganzen Lebens nützlich sein wird. Wird aber die innere Ruhe, das seelische Gleichgewicht des Kindes schon durch die Ereignisse der ersten Wochen oder Monate gestört, so bildet das einen kaum wiedergutzumachenden Schaden, dessen Konsequenzen es lebenslang tragen wird. Es wird schwächer, schutzloser und weniger widerstandsfähig gegen äußere Unannehmlichkeiten und Erschütterungen (etwa wie eine in jungen Jahren nicht in der seelischen, sondern in der körperlichen Entwicklung erlittene Verletzung lebenslang Spuren hinterlässt).

Die Ruhe und der Friede der ersten Jahre kann nachträglich durch nichts eingeholt oder ersetzt werden.

Auch wenn Geschwister da sind, müssen wir bemüht sein, dem Säugling so viel Ruhe wie möglich zu sichern. Die Gewohnheit der Geschwister, in seiner Nähe lärmend zu spielen, sollte man dämpfen und, wenn es möglich ist, den Säugling tagsüber in einem vom Spielzimmer entfernten Raum unterbringen.

Den Drang der Geschwister, das Neugeborene als lebendige Puppe zu behandeln, sollte man umlenken und stattdessen sie helfend bei der Pflege miteinbeziehen.

Schließlich noch eine wichtige Bemerkung: Hat der Säugling sich schon daran gewöhnt, dass er um alles weint und dass die Mutter, sobald er weint, ihn immer wiegt und so weiter, so kann dem schwer abgeholfen werden.

Versuchen wir nicht, die schon begangenen Fehler wiedergutzumachen, indem wir plötzlich von einem Tag zum anderen beschließen, das Kind »weinen zu lassen«. Diese gewaltsamen, harten Abgewöhnungsversuche bringen mehr Schaden als Nutzen (ebenso wie gewaltsame und plötzliche Eingriffe im Allgemeinen). Nur mit viel Geduld und allmählich kann man das Kind umgewöhnen.

Man darf auch später, wenn das Kind schon älter wird, es nie verlassen oder ihm böse sein, weil es weint oder schreit, auch dann nicht, wenn wir meinen, dass es keinen Grund zum Weinen oder Schreien hat. Niemand schreit, beklagt sich vor Freude. Ein weinendes, schreiendes Kind ist immer unglücklich oder sehr, sehr unruhig, auch wenn der das Weinen unmittelbar auslösende Grund uns eine Kleinigkeit dünkt oder uns unsinnig erscheint.

Zusammenfassend: Selbstverständlich will ich mit all dem nicht sagen, dass wir zum Säugling nicht lieb sein, ihn nicht anlächeln, nicht heiter und freundlich zu ihm reden, singen, ihn nicht in die Arme nehmen und liebkosen sollen, wenn er eben nicht weint und wenn wir uns auch sonst mit ihm beschäftigen. Der Säugling braucht Liebe. Beim Stillen, beim Baden und bei den übrigen Tätigkeiten muss er fühlen, dass man ihn liebt. Auch beim Weinen, wenn wir ihm helfen, ihn beruhigen – dabei aber beschränken wir uns nur auf das Notwendigste –, bieten wir ihm kein extra Vergnügen.

Seien wir lieb zum Säugling, behandeln wir ihn ruhig, freundlich, liebevoll, behutsam. Wer seinen Säugling grob anfasst oder duldet, dass ihn andere grob anfassen, wer ihn beim Trockenlegen oder Baden mechanisch behandelt, wer beim Stillen oder Füttern grobe Gewalt anwendet, kann selbstverständlich nicht erwarten, dass sein Kind sich in Sicherheit, in wohlwollender Umgebung fühlt. Wenn ich davon rede, was die Mutter im Laufe der Entwicklung des Säuglings und des Kleinkindes tun oder nicht tun soll, nehme ich an, dass sie beim Ankleiden, Baden, Stillen nicht »nervös«, nicht hastig ist, keine Gewalt anwendet, sondern den Säugling so behandelt, dass er ihre Hände als sichere, sorgfältige, liebe, wohlwollende fühlt. Nur so kann das Kind jene Sicherheit spendende Liebe empfinden, nach der sein Leben verlangt.

Die liebevolle Behandlung kann man aber weder durch Lallen und Wiegen ersetzen, noch durch Hin- und Hertragen. Das sind im Gegenteil sehr oft Zeichen der inneren Ungeduld, Nervosität und nicht des Mitgefühls. Wie rasch spricht sich der verborgene, wahre Untergedanke aus: »Ach, furchtbar, wie dieser Fratz schreit! Ich werde ganz verrückt von diesem grässlichen Geschrei! Wenn er doch nur aufhören würde!« Eine einzige krampfhafte, zornige, ungeduldige Geste der wiegenden Hand verrät alles. Und wie oft werden die Kinder von den verbitterten, erschöpften, zum Ende ihrer Geduld gelangten Eltern unsanft ins Bett befördert, nachdem sie das immer noch brüllende »unerträgliche« Kind stundenlang gewiegt, herumgetragen haben. Vielleicht gerade bei einer solchen Gelegenheit, wo es am meisten hilfsbedürftig wäre. Diese Art des Sich-Kümmerns – zwar anscheinend selbstlos – leistet keine Hilfe, spendet keine Liebe

der diesbezüglichen Belastungsfähigkeit von Städtern mit Landleuten ist der Unterschied ganz auffallend.

Oder betrachten wir die Tiere. Sie bewegen sich einfach, natürlich harmonisch. Das Reh, die Katze, der Affe, geradeso wie der Büffel oder der Elefant. Das größte, das »würdevollste«, das langsamste, das trägste Tier ist ebenso fähig zu ganz raschen und jähen Bewegungen (zum Beispiel beim schnellen Laufen) ohne »stilwidrig« zu werden, ohne »aus der Form zu geraten«, nicht so wie wir, die wir nach zehn bis zwanzig Schritten, die wir steif, mit Anstrengung laufen, zum Beispiel um die Straßenbahn zu erreichen, oft noch minutenlang nachher außer Atem sind.

Auch in der schnellsten Bewegung der Tiere wird aus der Eile nie plumpe Hast, vor allem aber – und das ist das Wichtigste – erreichen sie maximale Leistungen mit möglichst minimaler Kraftanwendung.

Woher kommt es wohl, dass diese selbstverständliche, ruhige Sicherheit, diese natürliche Einfachheit und Ökonomie der Körperhaltung und der Bewegung unseren Kindern oft vollständig abgeht? Muss das so sein?

Nein.

In der Bewegungsentwicklung sind wir von Natur aus nicht so weit entfernt von den Tieren, wie wir es im Allgemeinen annehmen. Der Wunsch, dass unsere Kinder sich schön, harmonisch bewegen, ist keineswegs ein unerreichbarer, ferner Traum. Sich richtig bewegen ist eine angeborene Fähigkeit nicht nur der Tiere, sondern auch der Menschen – die Städter inbegriffen. Sichern wir den Kindern genügend Raum, freie Bewegungsmöglichkeiten, und sie werden sich ebenso gut und schön bewegen wie die Tiere: geschickt, einfach, sicher, natürlich.

Um Missverständnisse zu vermeiden: Sicher kann nicht jeder Mensch eine tadellose Figur haben. Ich rede von der Bewegung, von den Gebärden, von der Körperhaltung. Es wird immer Menschen geben mit unharmonischen Proportionen oder anderen leichten Anomalien. Es ist aber nicht notwendig, dass diese angeborenen, unvorteilhaften Anlagen sich mit der Zeit allmählich verschlechtern und dass Menschen mit diesen Anlagen den durchschnittlichen Bewegungsanforderungen des Alltagslebens nicht entsprechen können. Auch Tiere mit schlechtem Körperbau nützen im Rahmen ihrer körperlichen Möglichkeiten ihre Fähigkeiten voll aus. Leider nützen unsere Kinder aber ihre etwaigen unvorteilhaften Anlagen in der Regel auch noch schlecht aus.

Vor diesem ungünstigen Verlauf ihrer Bewegungsentwicklung sollten wir unsere Kinder aber bewahren. Was können wir tun? Sollen wir mit dem Kleinkind turnen? Sollen wir ihm die richtige Bewegung beibringen? Welche Maßnahmen hätten Erfolg?

Gar keine!

Die Frage ist nämlich nicht, wie man den Säugling mit irgendwelchen künstlich konstruierten, findig ausgeklügelten, komplizierten Maßnahmen, mit Turnen und Gymnastik »unterrichten« soll, sich richtig und gut zu bewegen. Sondern es handelt sich einfach darum, dass man dem Säugling die Möglichkeit bietet beziehungsweise ihm die Möglichkeit nicht versagt, sich seinen Anlagen entsprechend zu bewegen.

Im Folgenden möchte ich den natürlichen Gang der motorischen Entwicklung der Säuglinge skizzieren. Es handelt sich um die ersten zwei Lebensjahre des Kindes, denn in diesen erlernt das Kind die Grundelemente der Bewegung. In dieser Zeitspanne wird aus dem unbeholfenen Neugeborenen, das nichts als strampeln kann, ein zielgerichtet sich bewegendes, zum Greifen, Stehen, Sitzen, Gehen fähiges Kind.

Wie geht dies vor sich?

*Das Kind kommt zur Welt. Liegt auf dem Rücken**

Das Neugeborene liegt auf dem Rücken, mit gebeugten Armen und Beinen, mit geballten Fäusten, in der Regel mit etwas seitlich gebeug-

* Neuerdings legt und erzieht man in verschiedenen Ländern auch schon Neugeborene in der Bauchlage. Diese haben natürlich keine Gelegenheit, die im Folgenden beschriebenen Bewegungen – die der Säugling in der Rückenlage ausführt, bevor er spontan die Bauchlage erreicht – entsprechend zu üben.

tem Rumpf und Wirbelsäule, den Kopf ein wenig seitwärts gedreht. Sein Körper, seine Körperhaltung ist ein wenig asymmetrisch.

Die beiden Seiten sind oft nicht gleich entwickelt, die eine ist etwas länger, die andere etwas kürzer. Das Neugeborene dreht seinen Kopf in der Regel immer auf dieselbe Seite.

Im Laufe des *1. Vierteljahres* strampelt der Säugling mit Beinen und Armen, auf dem Rücken liegend, allmählich immer mehr. Seine Bewegungen sind noch jäh, abgehackt, alle Glieder scheinen gleichzeitig und gleicherweise an allen Bewegungen teilzunehmen. Diese Bewegungen sind noch nicht zielgerichtet, sie sind einfach Begleiterscheinungen der guten Laune oder des Weinens.

Dreht den Kopf

Die Art der Bewegung ändert sich, wenn der Säugling dem ihn interessierenden Gegenstand tagsüber öfters mit den Augen und mit Kopfwendung zu folgen beginnt. Zu diesem Zeitpunkt beginnt er auch seinen Kopf in die bis dahin nicht geübte Richtung zu drehen. Die hastigen, ungeordneten Bewegungen der Hände ändern sich auch, sobald der Säugling auf die Bewegung seiner Hände mit den Augen zu achten anfängt. Er beobachtet seine Hände, betrachtet sie, nimmt sie sozusagen mit den Augen in Besitz. Er entdeckt, dass sie seine eigenen Hände sind. Unter der ständigen Kontrolle der Augen und durch sie geleitet, lernt er, die Hände geordnet und zielgerichtet zu bewegen (Abb. 8, 9).

Übt Handbewegungen

Im Laufe des *2. Vierteljahres* betrachtet der Säugling seine Hände mit steigendem Interesse, probiert, wiederholt einzelne Bewegungen. Zum Beispiel kommt es vor, dass das Kind wochen-, manchmal monatelang und täglich stundenlang seine Fäuste ballt und sie dann aufmerksam wieder öffnet. Oder: Es ergreift eine Hand mit der anderen (Abb. 9). Werden die Handflächen oder die inneren Flächen der Finger berührt, »ergreift« es den berührenden Gegenstand sofort. Loslassen ist nicht so leicht, das muss eigens gelernt werden. Das Kind plagt sich oft wochenlang, bis ihm die loslassende Bewegung leicht und sicher gelingt.

Im Allgemeinen ist das Interesse des Säuglings für die Bewegungsmöglichkeiten der Hände und Finger unerschöpflich (Abb. 10, 11 und 26). Ähnlich spielt er später auch mit den Füßen und den Zehen, aber nie so lange und ausdauernd wie mit den Händen und den Fingern. Er fasst mit der Hand den Fuß an, er zieht den Fuß an sich, er lutscht die Zehen. Kann man mit den Zehen auch greifen? Früher oder später pflegen die Kinder auch das zu probieren (Abb. 29).

Dreht sich auf die Seite

Wenn der Säugling schon gut greifen kann, fasst er nicht nur nach dem, was in seine Hände gerät; immer weiter und weiter streckt er sie in die ihn interessierende Richtung. Indem er so immer weiter zum Gitter des Bettchens greift, gerät er allmählich immer mehr in die Seitenlage. Er kann aber auch auf die Seite gelangen, indem er sein Becken dreht.

Auf der Seite zu liegen ist für ihn am Anfang ein sehr großes Unternehmen. Er fühlt sich dabei in einem unsicheren Gleichgewicht, und wir sehen, dass er am Anfang nur schwer, ein wenig steif, sich auf seinen Kopf, seine Schulter, seinen Arm, auf Hand und Füße stützend (Abb. 18), und mit Anstrengung in dieser Lage verbleiben kann; oft dreht er sich zurück auf den Rücken, um sich auszuruhen. Später – nach längerer Übung – spielt er leicht und schon tagelang auf der Seite liegend (Abb. 19). In dieser Lage gewinnt er – im Gegensatz zur Rückenlage – eine ganz andere, neue Perspektive, sieht auch seine Hände besser. Wochenlang spielt er so auf seiner Seite liegend.

Dreht sich auf den Bauch

Spielt er schon auf der Seite liegend so sicher, dass er gar nicht mehr auf sein Gleichgewicht achtet, kommt es vor, dass er sein Gleichgewicht verliert, umkippt und auf den Bauch fällt. Doch kann er auch auf seinen Bauch gelangen, wenn der Schwung der Drehung zur Seite ihn über die Seite hinaus bis in die Bauchlage bringt. Der Arm gerät dabei meistens unter den Rumpf. Das ist freilich unangenehm. Der Säugling fängt oft an zu weinen. Wenn wir ihm helfen wollen und ihn auf den Rücken zurückdrehen, so finden wir ihn eventuell in einigen Minuten wieder auf dem Bauch. Helfen wir ihm am Anfang, doch drehen wir ihn nicht ständig zurück, auch dann nicht, wenn er ein wenig weint. Wenn wir sicher wissen, dass er nicht durch Zufall auf den Bauch kam, ist es besser, die Lösung ihm zu überlassen. Früher oder später hilft er sich selbst. Wie – das hängt vom Charakter, von der Konstitution des Säuglings ab: Er zieht den Arm heraus; er dreht sich zurück; er schläft auf dem Bauch liegend ein und erwartet so die nächste Mahlzeit und so weiter. Es gibt Kinder, die von Anfang an nicht weinen, sondern verschiedene Bewegungen probieren, bis es ihnen gelingt, wieder auf den Rücken zu kommen. Dann wiederholen sie dies viele Tage: Sie drehen sich in einem fort auf den Bauch und wieder zurück auf den Rücken. Der Arm aber gelangt immer unter den Rumpf. Ein anderes Kind dreht sich vielleicht schon bei der ersten Gelegenheit ein klein wenig weiter, bringt sein Körpergewicht bis auf die andere Seite und zieht so leicht seinen Arm heraus und so weiter.

Dreht sich zurück

Sich zurückdrehen, also vom Bauch auf den Rücken, fällt Neugeborenen leicht. Wird der nackte Säugling zum Beispiel vor dem Bad für einen Augenblick auf den Bauch gelegt, so legt er oft seinen Kopf seitlich nieder, der ganze Rumpf dreht sich nach, und schon liegt er auf dem Rücken. Doch sehen wir später, wenn er sich schon selbst auf den Bauch dreht, den Kopf erhebt, dass das Zurückdrehen nicht mehr so einfach ist, aber in einigen Tagen, seltener in wenigen Wochen, lernt er es.

Verbringt seine Tage auf dem Bauch liegend

Der Säugling dreht sich immer häufiger auf den Bauch und verbringt immer mehr Zeit auf dem Bauch liegend. Aber das Liegen auf dem Bauch selbst ist auch etwas, was er lange lernen, üben, vervollkommnen muss. Der Säugling hebt zunächst nur seinen Kopf, dann lernt er, seine Hände und Arme auf dem Bauch liegend zu benützen. Seine Füße baumeln meistens schon von Anfang an frei in der Luft. Doch der Rumpf selbst bleibt noch lange schwerfällig, unbeholfen (Abb. 20, 21). Der kräftige, bewegliche, elastische Rumpf, der schon an allen Bewegungen des Säuglings teilnimmt, sich zusammen mit dem Kopf und den Gliedern bewegt (Abb. 23) – oft sogar die Bewegung lenkt –, ist schon das Resultat monatelanger Betätigung.

Streckt sich

Zu dieser Zeit kann der Säugling sich auch schon zielgerecht bewegen. Wie überraschend es auch sein mag, der auf dem Bauch oder auf dem Rücken liegende, zu jeglicher Fortbewegung scheinbar unfähige Säugling, kommt früher oder später immer in die Nähe des Gegenstandes oder des Gitters, das er zu erreichen versucht. Ist das Kind angekleidet, so kann man meistens gar nicht feststellen, wie ihm das gelang. Nur wenn wir die Bewegung des nackten Kinderkörpers beobachten, sehen wir, was eigentlich hier vor sich geht. Das Kind biegt sich, dehnt sich, streckt sich, macht geringfügige raupenähnliche Bewegungen. Dieses Sich-Dehnen und -Strecken ist einer der wichtigsten Abschnitte in der Bewegungsentwicklung des Säuglings. Es dauert monatelang. Zu dieser Zeit hört die angeborene Asymmetrie des Rumpfes und des Rückgrates endgültig auf. Das Rückgrat wird durch diese natürlichen Bewegungen gerade, der Rumpf wird elastisch, beweglich, muskulös.

Ich kann nicht genügend die Wichtigkeit dieses Entwicklungsabschnitts betonen. Ein Beweis dafür ist, dass die oben geschilderten Bewegungen in der Heilgymnastik von Kindern mit Rückgratverbiegungen in Form von Turnübungen systematisch geübt werden. Würde man die Kinder nicht zu andersartigen Bewegungen nötigen, zum Beispiel zum Sich-Aufsetzen oder -Aufstellen, und würde man ihnen zur Bewegung genügend und entsprechenden Raum und Zeit zur Verfügung stellen, so würden sie viele Monate hindurch tagelang sich strecken und recken und wälzen, vom Rücken auf den Bauch, vom Bauch zurück auf den Rücken.

Rollen
Im Laufe des 3. *Vierteljahres* lernt der Säugling, sich zu rollen, also vom Rücken auf den Bauch und dann vom Bauch auf den Rücken sich in einer Richtung fortlaufend zu drehen und damit sicher und schnell seinen Platz zu wechseln und rasch den Gegenstand zu erreichen, der sein Interesse geweckt hat. Bald kann er sich schon so gut rollen, dass er auf direktem Weg dorthin gelangt, wohin er will. Zu dieser Zeit verbringt er den größten Teil des Tages auf dem Bauch liegend. Mit erstaunlicher Geschicklichkeit findet er die Haltung, die ihm ermöglicht, Kopf, Hals, Beine, Arme ganz frei zu bewegen. Sein Rumpf ist manchmal nur an einem Punkt unterstützt. Er strampelt, streckt sich, wälzt sich, rollt sich den ganzen Tag beim Spielen.

Bauchkriechen, Kriechen auf allen vieren
Im Laufe des 4. *Vierteljahres* beginnt der Säugling auf dem Bauch zu kriechen. Am Anfang rutscht er meistens rückwärts, statt vorwärtszukommen, später gelingt ihm das Vorwärtskommen immer besser. Hauptrolle spielen manchmal die Arme, manchmal die Beine. Viele Kinder bewegen sich förmlich mit Schwimmbewegungen der Arme und Beine vorwärts, als würden sie »kraulen«. Dabei bewegen sie sich manchmal so schnell und geschickt, dass wir Erwachsene, wollten wir mit solchen Bewegungen vorwärtskommen, mit ihnen nicht Schritt halten könnten. Übrigens kriecht jedes Kind auf eine andere Art auf dem Bauch, und es ist kein Zufall, welche Art ein Kind wählt, wie es diese variiert und wie lange es die einzelnen Varianten der betreffenden Fortbewegungsart übt. Hat es sich hierbei ausreichend gekräftigt, erhebt es sich auf Knie und Hände und schaukelt sich im Knie-Hände-Stütz. Später beginnt es auf den Knien und Händen zu kriechen, und noch später eventuell auch in Bärenstellung auf den Sohlen. All das nimmt Monate in Anspruch. Dabei übt das Kind innerhalb all dieser Bewegungen unzählige Varianten.

Kinder mit schwächerer Rumpfmuskulatur zum Beispiel bewegen sich lange mit aufliegendem Bauch vorwärts. So kräftigen sie ihren

Rücken, ihre Rumpfmuskulatur. Dann erst kommt das Kriechen auf allen vieren mit vom Boden erhobenem Rumpf. Ein Kind mit schwachem Rücken kriecht zuerst lange auf dem Bauch, später manchmal monatelang auf allen vieren fast im »Schnellzugstempo«, ohne ans Sich-Aufsetzen oder Aufstehen zu denken. Das sieht man oft in Familien, wo die Eltern auch Schwierigkeiten mit ihrem Rücken hatten. Natürlich setzen und stellen sich diese Kinder mit der Zeit auch von selbst auf, auch wenn wir sie nicht aufsetzen oder aufstellen; nur später als der Durchschnitt. Auch das richtige Sitzen und richtige Stehen erlernen sie, nur manchmal viel später als andere Kinder. Wenn wir Geduld haben, das abzuwarten, und wir sie nicht drängen, werden sie schließlich auch aufrecht und gut sitzen und stehen.

Selbstverständlich braucht das Kind Platz, um kriechen zu können, mehr, als im Bettchen oder in einem kleinen Laufstall zur Verfügung steht. Nur bei jenen Kindern werden sich die Bewegungen auf die beschriebene Weise entwickeln, denen man in der Zeit, als sie eben Lust hatten, diese Bewegungen zu versuchen, die Möglichkeit dazu geboten hat.

Erhebt sich in die Vertikale

Die ersten Versuche zum Aufstehen fallen gewöhnlich in das letzte Vierteljahr des *1. Jahres.* Es ist *nie* die Rückenlage, aus der das Kind sich selbstständig aufsetzt oder aufstellt. Die Reihenfolge ist immer diese: Erst dreht es sich auf den Bauch, es wird immer sicherer auf dem Bauch, dann beginnt es die Knie einzuziehen und so weiter. Vom Sich-selbst-auf-den-Bauch-Drehen bis zum Beginn des Sich-Erhebens verstreichen in der Regel fünf bis sechs Monate. Aus der sicheren Bauchlage als Ausgangsstellung dreht es sich mit erhobenem Kopf, sich auf einen Arm stützend, auf die Halbseite, gelangt auf diese Weise in halbsitzende Stellung und setzt sich später ganz auf (Abb. 24, 25, 26 und 27). Oder es erhebt sich auf die Knie, stützt sich kniend erst auf eine Sohle und steht so auf (Abb. 34 und 35). Allerdings nimmt jeder Teilmoment dieses Vorganges Wochen oder Monate in Anspruch wie alle bisher beschriebenen Bewegungsfolgen.

Es sitzt
Über das Sitzen, über die verschiedenen Arten des Sich-Aufsetzens, über richtiges und fehlerhaftes Sitzen könnte man lange Abhandlungen schreiben. Was ist eigentlich der Unterschied zwischen »gutem« und »schlechtem« Sitzen?

Ein Kind, das richtig sitzt, bleibt beweglich im Sitzen, es verlegt sein Körpergewicht auf seine Sitzhöcker; auf dieser Basis erhebt sich sein Rumpf fast senkrecht in die Höhe. In Ruhelage ist die Gegend des Kreuzbeines gestreckt. Die Linie des Kopfes bildet die geradlinige Fortsetzung der Rückenlinie (Abb. 28 und 31). Nur so kann man sitzen, ohne müde zu werden. Allerdings bedeutet das nicht, dass das gut sitzende Kind »verpflichtet« ist, immer mit vertikalem Oberkörper zu sitzen. Dies ist nur seine charakteristische Grundstellung. Das Kind dreht sich, während es spielt, nach rechts, nach links, beugt sich nach vorn und nach hinten, doch kann man das gut sitzende Kind daran erkennen, dass sein Rumpf sich immer zweckmäßig in die gewünschte Richtung beugt und sich nie so krümmt, dass durch die Krümmung die zielgerichtete Bewegung behindert wird.

Das schlechte Sitzen ist allgemein bekannt. Der ganze Rumpf sinkt schlaff in sich zusammen, das Rückgrat ist gekrümmt, Bauch und Brustkasten werden zusammengedrückt und damit auch die inneren Organe, die Atmung wird erschwert. Am bezeichnendsten ist, dass wir befürchten könnten, das Kind könne jeden Augenblick umkippen. Es stützt sich nicht auf die Sitzhöcker, die zum Sitzen dienenden Teile des Beckens, sondern eher auf die Kreuzbeingegend. Auf diese Weise würde es mit dem Oberkörper nach rückwärts fallen, und um das Rückwärtsfallen zu verhindern, ist es genötigt, sich stark vorwärts zu beugen.

Zusammenfassend: Wer *gut* sitzt und sitzen *kann*, sitzt nicht nur aufrecht, sondern auch ökonomisch. Das Sitzen ermüdet ihn nicht. Es strengt ihn nicht an, bedeutet für ihn eher ein Ausruhen. Das unrichtige, fehlerhafte, ungesunde Sitzen dagegen ist ermüdend, anstrengend. Natürlich »können« die Kinder, wenn sie sich eben aufzusetzen beginnen, nicht immer schon richtig sitzen. Am Anfang sitzen sie oft mit gebeugtem Rücken, verkrampft, gekrümmt, strengen sich sehr an, ermüden aber auch bald und legen sich nieder, um sich auszuruhen. Nötigen wir also nie ein Kind zum Sitzen. Eine Zeit lang spielen sie dann wieder kriechend, auf dem Bauch, auf dem Rücken liegend. Natürlich nur, wenn sie die Möglichkeit dazu haben. Später spielen sie immer öfter und länger sitzend. Aber sie wechseln dauernd ihre Stellung während des Sitzens, bewegen sich hin und her, drehen sich nach rechts und links, suchen das entsprechende Gleichgewicht. Sie strecken ihre Beine abwechselnd nach vorn, nach hinten, sie knien auf und setzen sich auf ihre Fersen, auf beide Füße oder auf einen Fuß oder setzen sich zwischen die Knie auf die Unterlage und so weiter. Sie probieren während des Sitzens die verschiedenen Arten der Körperhaltung, ebenso wie sie das während den übrigen Stufen der Bewegungsentwicklung taten. Nachdem sie das jeweilige Gleichgewicht im Sitzen leicht und sicher beherrschen lernten, also das Sitzen erlernt haben, spielen sie sitzend ohne Anstrengungen, ohne Ermüdung.

Steht auf

Parallel mit dem Sitzen versucht das Kind in der Regel auch das Stehen. Es kommt vor, dass Kinder zuerst aufstehen und erst später sich setzen. Von der knienden oder auf den Knien sich schaukelnden Stellung ergreifen sie das Gitter des Laufställchens oder einen anderen stabilen Gegenstand und ziehen sich in die Höhe. Anfangs stützen sie sich – obwohl sie stehen – in der Regel kaum auf die Füße, sondern halten sich, mit den Händen klammernd, in vertikaler Stellung. Zur Hilfe lehnen sie sich vielleicht auch mit dem Bauch an, wobei sie das Kreuz stark durchdrücken. Viele Kinder haben zuerst einmal das Gefühl, nicht wieder zum Boden zurückkehren zu können. Wenn sie müde werden, lassen sie entweder die Stütze los und fallen oder klammern sich immer stärker an, fangen schließlich an zu weinen. Helfen wir ihnen manchmal, doch nicht in einem fort. Das Kind kann und wird es auch allein schaffen. Es kann ihm beim Hinfallen nichts Schlimmes passieren, selbst dann nicht, wenn es den Kopf ein wenig aufstößt. Natürlich gibt es Kinder, die schon beim ersten Aufstehen sich wieder leicht niedersetzen können.

Wenn sie mit dem Aufstehen beginnen, belasten also die Kinder ihre Beine nur wenig. Sie stehen oft auf den Zehenspitzen und in der Regel mit sehr gespreizten Beinen. In dieser Stellung verbleiben sie nicht lange, wenn sich die Möglichkeit zum Kriechen bietet. Die Kinder kriechen weg, dann stehen sie woanders wieder auf, kriechen zurück und so weiter. Allmählich stehen sie sicherer, die Beine werden mehr belastet, wobei sie sich immer weniger an stabilen Möbelstücken aufstellen. Die zu Beginn steifen Knie beginnen zu federn. Die Kinder richten sich gerade auf. Der Griff ihrer Hände ist nicht mehr krampfhaft, ihr ganzer Rumpf wird beweglicher, geschmeidiger. In dieser Phase können sie sich schon blitzschnell, geschmeidig niedersetzen oder sich niederbeugen und sich wieder aufrichten. Bald können sie sich auch dort aufstellen, wo zum Anfassen nichts vorhanden ist, zum Beispiel neben der Wand – sie können sogar die Stütze für eine Sekunde loslassen, was sie während des Spiels gar nicht bemerken. Neben dem Geländer »gehend« sich fortzubewegen üben sie schon von Anfang an, fast gleich nach dem Aufstehen. Ich wiederhole aber, dass sie in der ersten Zeit sich mehr auf die Hände und auf ihren Bauch stützen, als auf den Füßen stehen.

Steht frei auf

Sie üben das Aufstehen monatelang, bis sie erreichen, dass sie, ohne sich irgendwo zu halten, vom Boden aufstehen. Sie bieten während des Übens einen ähnlichen Anblick wie vierbeinige Tiere, wenn sie sich auf die hinteren Beine zu stellen versuchen. Zu Beginn sehr unsicher, fallen sie öfters auf die Hände zurück, bis es ihnen gelingt, triumphierend einige Augenblicke auf beiden Beinen, ohne sich an etwas zu klammern, stehen zu bleiben. Nach einer Weile stehen sie immer öfters auf, mit einem Spielzeug in den Händen, sie bemerken es gar nicht, und spielen stehend weiter. Nun *können* sie stehen, und erst dann kommt das freie Gehen. Das heißt, erst danach beginnen die Kinder von selbst »frei« zu gehen. Vom Sich-Aufstellen bis zum

Stehen ohne Stütze und bis zum freien Gehen dauert es in der Regel ungefähr 4–6 Monate. Diese Zeitspanne benötigen sie, um fähig zu werden, ihr Körpergewicht stabil auf die beiden Sohlen zu übertragen. Das freie Aufstehen und das freie Gehen folgen einander. Freilich spielen die Kinder inzwischen während der ganzen Zeit – wenn sie nicht eben das Stehen versuchen – kriechend, auf dem Bauch liegend oder sitzend.

Geht frei

Im Allgemeinen beginnt das Kind – in dessen motorische Entwicklung nicht eingegriffen wurde – in der *ersten Hälfte des zweiten Jahres* frei zu gehen. Doch handelt es sich auch dann eher noch um Versuche. Gehen statt kriechen zum Zweck der Fortbewegung wird es in der Regel erst später. Aber auch das schon wirklich gut gehende Kind spielt noch lange Zeit hauptsächlich hockend, kriechend und kniend. Sogar noch viele Jahre später knien, hocken die Kinder gerne beim Spielen. (Freilich – das muss immer wieder hinzugefügt werden: wenn man es ihnen nicht verbietet.)

In der ersten Phase des freien Gehens bewegen sich die Kinder in der Regel mit gespreizten Beinen, mit stark einwärtsgedrehten Füßen, unsicher, etwa so wie Matrosen auf dem schaukelnden Schiff und mit der Armhaltung eines Seiltänzers. Mit den Händen balancieren sie, mit den Füßen versuchen sie den Boden zu ergreifen und machen kleine Schritte, oft ihre Knie hochhebend. Das dauert natürlich nur einige Tage. Bald ist die nötige Sicherheit erreicht; es scheint, sie gehen mit Leichtigkeit, aber die gespreizten Beine, die einwärtsgedrehten Füße können noch monate-, sogar jahrelang bleiben. Je schwächer, je schlechter gebaut die Füße, die Knie, die Hüften sind, desto länger verbleiben die Kinder bei dieser Gangart.

Auch dies ordnet sich ohne unser Zutun, wenn wir geduldig abwarten. Greifen wir in die Bewegungsweise des Kindes nicht ein! Geben wir ihm weiterhin die Möglichkeit, sich immer so zu bewegen, immer so zu spielen, wie es ihm gefällt! Lassen wir es ruhig, solange sein Gang nicht sicher genug ist, mit gespreizten Beinen umhergehen, und solange seine Sohlen nicht stark genug sind, mit einwärtsgerichteten Füßen! Lassen wir das Kind rollen, kriechen, auch dann noch, wenn es schon gehen kann! Fordern wir nicht von ihm, dass es längere Strecken zu Fuß bewältige! (Es gibt Länder, wo man die Kinder noch im Kindergartenalter im Kinderwagen zum Spielplatz und zurück fährt.) Am Spielplatz ist die Situation eine ganz andere, dort bewegt sich das Kind, wie es ihm behagt. Es springt und läuft herum, ist es müde, so bleibt es stehen, hockt sich oder setzt sich und so weiter. So wird es nicht übermüdet.

Ein Kind mit schwächeren Beinen ist eventuell jahrelang rasch müde und bewegt sich mit eigentümlicher Fußhaltung. Doch wenn wir es nicht überlasten, nicht drängen, dann stärken sich seine Beine, und ohne dass irgendjemand es korrigiert oder eingegriffen hätte, richten sich mit der Zeit die Füße nach vorn, die Beine nähern sich einander, das Gehen wird schön und sicher, das Kind selbst belastungsfähiger.

Die frühkindliche Entwicklung verläuft, was die Zeitangaben betrifft, nicht bei allen Kindern gleich. Im Allgemeinen sind die Zeitunterschiede im Erlernen einzelner Bewegungen auch bei gut entwickelten Kindern und besonders bei *den* Säuglingen, deren Entwicklung man nicht forcieren wollte, sehr groß. Denn wann und welche Bewegungen der Säugling übt, hängt nicht nur von seinem Gesundheitszustand und seiner Erziehung, sondern von noch vielen anderen Faktoren ab: von seinen körperlichen und seelischen Anlagen, eventuellen Anomalien, von der Belastbarkeit seiner Gelenke, von der Entwicklungsstufe seines Gleichgewichtssinnes und so weiter. Ein Kind kriecht schon mit sieben bis acht Monaten, steht bald danach auf und setzt sich auf. Ein anderes – sonst vollkommen gut entwickelt und gesund – beginnt vielleicht zur selben Zeit oder etwas später zu kriechen, aber stellt sich und setzt sich noch mit einem Jahr nicht auf; wenn man ihm genügend Platz gibt, und es nicht aktiv aufsetzt, aufstellt, hinsetzt, fällt ihm dies noch gar nicht ein. Das kommt erst später.

Das Wichtigste habe ich bisher noch nicht erwähnt: nämlich, dass für einen gesunden Säugling seine eigenen Bewegungen, die Entwicklung dieser Bewegungen, jede Einzelheit der Entwicklung *andauernde Freude* bedeuten. Der Säugling – lässt man ihn in Frieden – erlernt das Drehen, Sich-Rollen, das Kriechen auf dem Bauch, auf allen vieren, das Stehen, Sitzen, Gehen nicht mühevoll, unter Zwang, sondern aus eigenem Ansporn selbstständig, freudig, mit Stolz auf seine Leistung (wenn er auch zwischendurch manchmal zornig ist, dabei auch hin und wieder ungeduldig aufschreit). Gleichzeitig beobachtet der Säugling seine eigenen Bewegungen mit unerhörtem Interesse und erstaunlicher Ausdauer. Er studiert aufmerksam unzählige Male eine Bewegung. Ruhig, sich Zeit lassend, experimentierend, sich darin vertiefend, genießt er und macht sich vertraut mit jeder kleinen Einzelheit, jeder Nuance der Bewegungen. Vielleicht ist es das Wiederholen dieses Studierens an sich, das dem Kind am meisten Freude bereitet. In den ersten ein bis zwei Jahren beschäftigt es sich, »spielt« tage-, wochen-, manchmal monatelang mit jeder einzelnen Bewegung. Jede hat ihre eigene Entwicklungsgeschichte. Eine baut sich auf der anderen auf. Behutsam, vorsichtig macht es Fortschritte. Es hat Zeit. Es geht der Sache auf den Grund, in allem möchte es vollkommen gewiss sein. Auf diese Weise erlernt das Kind *gut* sitzen, stehen, im Allgemeinen sich gut bewegen.

Jedoch wichtiger als das Resultat ist die Methode. Dieser Prozess des Lernens spielt eine sehr wichtige Rolle im ganzen späteren Leben des Menschen. Durch diese Art der Entwicklung gelangt der Säugling selbstständig, mit geduldiger, ausdauernder Arbeit, mit Sammlung seiner ganzen Aufmerksamkeit zu seinem Können. Er erlernt also im Lauf seiner Bewegungsentwicklung nicht nur sich auf den Bauch zu drehen, nicht nur das Rollen, Kriechen, Sitzen, Stehen oder Gehen, sondern er lernt auch das *Lernen*. Er lernt sich selbstständig mit etwas zu beschäftigen, an etwas Interesse zu finden, zu probieren, zu experimentieren. Er lernt Schwierigkeiten zu überwinden. Er lernt die Freude und die Zufriedenheit kennen, die der Erfolg – das Resultat seiner geduldigen, selbstständigen Ausdauer – für ihn bedeutet.

Es ist schwer, all dies zu *beschreiben*. Bei der Auswahl der Photos versuchte ich gerade diesen inneren, seelischen Gehalt zu veranschaulichen. Nicht bloß die Bewegungen und die Körperhaltung, sondern in erster Linie das geduldige, ruhige Interesse und Bestreben, das im Gesichtsausdruck, in den Bewegungen und in der Körperhaltung des Kindes sich offenbart. (Besonders bezeichnend finde ich diesbezüglich zum Beispiel die Bilder 11, 34 und vor allem 42 und 43.) Nur wer das Kleinkind gesehen, beobachtet hat, als es zum Beispiel mit behutsamer Umsicht zu den ersten langsamen, vorsichtigen, zögernden, aber selbstständigen Schritten sich entschied, nur der wird gewahr, worum es sich hier handelt. Natürlich rede ich immer nur von Kindern, die nicht seitens der Erwachsenen dazu animiert oder gar gedrängt wurden, eine neue Bewegung zu probieren. Nur dann ist für diesen Vorgang Ruhe, vertieftes, aufmerksames, alles andere nicht beachtendes Verhalten, *Freude, Zufriedenheit* bezeichnend. Ein Kind, das sich auf diese Art entwickelt, nimmt die gebotene Hand nicht an, sieht es nicht gern, wenn wir ihm »helfen« wollen. Alleine, ungestört, *auf seine eigene Art* möchte es lernen.

Die Freude am Lernen hängt übrigens nicht immer vom »Resultat« ab. Ein »nicht gelungener« Versuch kann ebenso ein Erlebnis sein und Freude bereiten wie ein gelungener. *Die Bewegung selbst* bedeutet Freude, und es wäre schwer, in jedem Fall zu entscheiden, ob das Kind vom »gelungenen« oder vom »misslungenen« Versuch mehr lernt. Diese spielerischen Versuche sind notwendige Teile der künftigen Entwicklung, bilden die Grundlage, und es geht auf Kosten der Entwicklung und bedeutet sogar unwiederbringlichen Verlust für das Kind, wenn es zu früh diese Versuche unterlässt oder dieses Spiel, diese aufmerksame, geduldige, vertiefte Beschäftigung mit sich selbst überhaupt nicht aufnimmt.

Leider bringen viele Mütter dem Bewegungsbestreben des Kindes nicht genug Verständnis entgegen. Sie merken gar nicht, dass sie ihren Säugling entmutigen, seine Entwicklung hemmen. Im Gegenteil, meistens sind sie sogar stolz auf ihr Vorgehen. Während sie einerseits die Entfaltung der Bewegung hindern, das Wälzen, Rollen und Kriechen nicht ermöglichen, forcieren sie andererseits Bewegungen, die das Kind noch nicht meistern kann. – Sie lassen das auf dem Rücken liegende Kind nicht ruhig experimentieren, sondern drehen es um, setzen es auf, stellen es auf, führen es an den Händen, treiben diese Bewegungen zu einem Zeitpunkt voran, zu dem *sie* der Meinung sind, »es wäre schon Zeit, diese zu erlernen«.

Ich fasse die wichtigsten Punkte zusammen, die wir im Zusammenhang mit der motorischen Entwicklung des Kindes beachten müssen. Von grundlegender Wichtigkeit sind die beiden ersten und der neunte Punkt, denn wenn wir auf diesem Gebiet Fehler begehen, sind die übrigen Ratschläge unnütz.

1. Es *hindert* den Säugling, wenn wir ihn so kleiden, dass es ihm seine natürliche Lage zu finden erschwert. Natürlich können wir bei der Kleidung nicht ausschließlich auf die Bewegungen Rücksicht nehmen, doch dürfen wir diesen Gesichtspunkt nicht außer Acht lassen.

In einem Strampelsack halten wir den Säugling nur so lange, als dies unbedingt notwendig ist, um ihn vor Kälte zu schützen. In diesem kann er die leicht darübergelegte Decke nicht abstrampeln. Der »Sack« erlaubt aber freiere Bewegungen der Beine nur, solange das Kind auf dem Rücken liegend sich bewegt, natürlich nur, wenn es so gewickelt wird, dass seine Hüften und Knie frei beweglich bleiben. Bei der Drehung auf die Seite oder auf den Bauch stört der Sack schon, und tagsüber ziehen wir dem Kind womöglich schon *Strampelhöschen* an; früher hindern sie die Glieder in ihren unsicheren Bewegungen. Selbstverständlich fördern wir die Beweglichkeit des Säuglings überhaupt nicht, wenn wir ihn zwar in einen »Sack«, später in Strampelhöschen kleiden, aber dann samt aller Kleidung noch in eine große Decke einwickeln oder mit einer eingesteckten Decke fixieren, damit er zugedeckt bleibt. Das Ziel ist nicht die Strampelhose, sondern die Bewegungsfreiheit, das darf man nicht vergessen. Bei warmem Wetter ist es das Beste, das Kind so viel als möglich nackt zu lassen. Besondere Aufmerksamkeit soll man der Bewegung der Füße widmen, damit sich der Fuß und auch die Zehen frei bewegen können, und zwar während der ganzen Zeit der Bewegungsentwicklung.

2. Es *hindert* den Säugling, wenn wir ihm zu wenig Platz gewähren und ihn auf eine zu weiche Unterlage legen. Wir geben ihm umsonst geeignete Kleidung, vergebens achten wir darauf, ihn nicht mit der Decke zu beengen, wenn wir ihn zum Beispiel ständig in einem engen Kinderwagen auf weiche Kissen legen.

Ist die Unterlage weich, so sinkt der Säugling ein, die Umrisse seines Körpers zeichnen sich ab. Diese abgezeichneten Formen fixieren die Körperhaltung und hemmen die Bewegung. Sie wirken fast so fixierend auf die Körperhaltung und hemmend auf die Bewegung, als hätte man das Kind in ein Gipsbett gelegt. Sie berauben das Kind der Möglichkeit, die Schiefheiten (Asymmetrien) seines Körpers ungestört auszuwachsen. Aus demselben Grund legen wir kein Kissen unter den Kopf des Säuglings. Der Kopf des Neugeborenen ist im Verhältnis zu seinem Körper so groß, dass er auf horizontaler Unterlage so liegt wie wir Erwachsenen auf einem Kissen. Legen wir ein Kissen wenn auch nur von zwei bis drei Zentimetern Höhe unter den Kopf des Neugeborenen, wird sein Rumpf gebeugt. Außerdem bildet das weiche Kissen ein ebenso fixierendes »Gipsbett« für den schief gehaltenen Kopf wie das weiche Bett für den schief gehaltenen Körper, hindert also das Kind, diese Asymmetrien auszuwachsen.

Fixieren wir also nicht das Kind mit Kissen in seiner schiefen Haltung, noch versuchen wir diese schiefe Haltung gewaltsam zu korrigieren. Strecken wir nicht, das heißt, versuchen wir nicht die eingezogenen Beine oder Arme des Neugeborenen auszustrecken. Drehen wir weder seinen Kopf noch seinen Rumpf auf die Seite, auf der es nicht liegen mag. Diese typische Neugeborenenhaltung ist nämlich keine fehlerhafte Körperhaltung. Umsonst wollten wir den gekrümmten Körper mit Ziehen, Drehen richtigstellen, das würde uns sowieso nicht gelingen. Wir würden dadurch nur schaden. Der Säugling wird sich später, wenn er sich frei bewegen kann, während seiner Entwicklung, während des Wachstums und seiner freien Bewegungen von selbst, allmählich, ohne jeden Eingriff ausrichten. Dazu benötigt er aber Monate.

Kinderwagen
Halten wir das Kind nicht im Wagen. Es ist von Anfang an unrichtig, den Wagen als ständigen Aufenthaltsort zu benützen. Der Wagen ist nicht stabil, regt sich das Kind nur ein wenig, setzt er sich schon in Bewegung oder rollt weg; ganz abgesehen davon, dass die meisten Wagen geschlossen und damit ungenügend gelüftet sind.

Korb, Bettchen
Zu Beginn halten wir den Säugling in einem mit harter Matratze versehenen »Moseskorb« oder in einem *Bettchen.* Der Korb ist geschlossener, für unruhigere Kinder ist er in den ersten Wochen beruhigender. Durch die Gitter des Bettchens kann man hinausschauen, es bietet also von Anfang an einen breiteren Gesichtskreis. Jedoch auch aus dem Bettchen muss man den Säugling herausnehmen, wenn er anfängt, sich auf die Seite zu drehen, denn wälzen kann er sich darin auch nicht.

Laufgitter
Legen wir den Säugling tagsüber in das *Laufgitter* im Alter von ungefähr vier bis fünf Monaten, weil sowohl das kleine wie das große Kinderbett ihn am Wälzen, Rollen hindern. Selbstverständlich können wir das Kind auch schon früher in das Laufgitter legen, wenn es gerne darin bleibt. Es schadet nie, wenn wir dem Säugling etwas mehr Platz zur Verfügung stellen, als er ausnützen kann, wenn er sich dabei wohlfühlt. Nur weniger Platz dürfen wir ihm nicht bieten. Also legen wir ihn in das Laufgitter spätestens, wenn er sich zu drehen beginnt. Doch das sechs Monate alte Kind gehört unbedingt, auch wenn es noch »nichts« kann, in das Laufgitter. Es wird Laufgitter, Gehschule, Laufställchen und so weiter genannt. (Keine dieser Bezeichnungen ist zutreffend, denn zum Umhergehen ist es zu klein, auch kriechen kann man darin nicht, nur ein wenig rollen und sich wälzen. Richtiger wäre, es Wälzgitter zu nennen.)

Ein gutes Laufgitter ist eine quadratische Umzäunung von circa 1,20 x 1,20 Metern. Es ist von Vorteil, wenn es einen etwas erhöhten Boden hat (so ist es stabiler und wärmer). Sein Boden soll hart sein, damit das Kind sich auf ihm leicht bewegen kann. Das Laufgitter leistet auch insofern guten Dienst, als das Kind hinauslangen und sich Gegenstände holen kann, die zwischen den Gitterstäben hinausfallen. Deswegen ist es wichtig, dass das Kind nahe genug zum Fußboden des Raumes ist. Wie gern die Kinder sich strecken und aus dem Laufgitter hinauslangen, ist auf den Bildern auch zu sehen. All das wäre nicht möglich, wenn wir für Kinder in diesem Alter Laufgitter mit zu hohem Boden benützen. Sie würden dann vergeblich versuchen, die hinausgeworfenen Gegenstände zurückzuholen, und würden diese Art Streckversuche aufgeben.

Es gibt auch runde, mit Netz versehene Laufgitter mit weniger als einem Meter Durchmesser. Sie sind leicht zu handhaben, auch im Auto gut unterzubringen und für kurze Zeit nützlich, zum Beispiel bei Ausflügen. Aber für ständigen Aufenthalt eignen sie sich nicht. Sie bieten weniger Bewegungsmöglichkeiten als ein größeres Kinderbett und praktisch keine Gelegenheit, sich nach etwas zu strecken.

Hier möchte ich bemerken, dass der Säugling am Anfang – wenn er sich auf den Bauch oder zurückdreht – häufig den Kopf am Gitter oder am Boden des Laufgitters stößt. Erschrecken wir nicht, polstern wir das Laufgitter nicht aus, haben wir keine Angst um das Kind! Es kann ihm nichts Schlimmes passieren. Anfangs ist die Bewegung noch so langsam, dass auch der größte Stoß noch verhältnismäßig schwach ist. Dabei hält der Schädel des Säuglings mehr aus als der von 2- bis 3-Jährigen. Das Kind soll ohnehin in diesem Alter lernen, auf seinen Kopf achtzugeben, und das ist der Weg dazu.

Wichtig ist, dass der Säugling selbst vorsichtig wird. Wenn wir ihn aus Angst vor jedem Stoß schützen, alles um ihn herum auspolstern, helfen wir ihm nicht. Lassen wir ihn probieren. Wenn er sich zwei- bis dreimal gestoßen hat, lernt er instinktiv sich zu schützen. Er gewöhnt sich daran, beim Fallen den Kopf zwischen die Schultern zu ziehen. Dies ist keine angeborene Fertigkeit, sondern eine, die wir im Laufe des Lebens durch manche schmerzliche Erfahrungen erwerben. Würden wir unsere Kinder in diesem jungen Alter vor allen leichten, doch unangenehmen Stößen bewahren, setzten wir sie künftigen, viel größeren Gefahren aus; wir können sie doch nicht während ihres ganzen Lebens mit Polstern umgeben, und ohne zu fallen ist noch niemand aufgewachsen. Das Kind wird sich immer schneller bewegen, und ein Kind, das während einer schon sehr heftigen Bewegung, zum Beispiel indem es sich aus unseren Händen losreißt, das erste Mal fällt, ist eher schwereren Verletzungen ausgesetzt als eines, das schon gelernt hat, sich beim Hinfallen entsprechend zu verhalten.

Boden

Wenn der Säugling zu kriechen beginnt, zunächst auf dem Bauch, später auf den Knien, dann müssen wir ihn aus dem Laufgitter herausnehmen und ihm mehr Platz einräumen. Ein Zimmer oder einen umzäunten Teil des Zimmers, sorgfältig so eingerichtet, dass ihn *nichts gefährdet*, und ohne Dinge, die er nicht anrühren darf, weil er sie kaputt machen könnte. Selbstverständlich soll der Boden so beschaffen sein, dass man ihn sauberhalten kann! Der Säugling muss auch hier so sicher untergebracht sein, dass er, wie bisher, ohne Gegenwart und ohne Hilfe von Erwachsenen frei, selbstständig sich bewegen, umherkriechen, spielen kann. Sehr gut entspricht diesem Zweck im Sommer ein umzäunter Gartenteil mit einer Sandkiste, am besten auf einer nicht ganz ebenen Fläche, sodass das Kind auch hinauf- und hinunterkriechen kann. Wenn wir das Kind in dieser Zeitspanne ständig im Laufgitter halten, wird es selbstverständlich nicht kriechen. Es hindert ihn der enge Raum, auch regt ihn nichts zum Kriechen an.

Kurz zusammengefasst: *Halten wir den Säugling nur so lange tagsüber im Bett, solange er auf dem Rücken liegend spielt. Legen wir ihn in das Laufgitter, sobald er sich auf die Seite dreht. Sobald er anfängt sich zu rollen, auf dem Bauch zu kriechen, später auf Händen und Knien, nehmen wir ihn aus dem Laufgitter heraus und lassen ihn sich auf einer größeren Fläche am Boden frei bewegen. Sichern wir ihm stets mehr Platz, als er gerade ausnützen kann.*

Was geschieht im Allgemeinen, wenn wir das Kind zu lange auf einem engen Platz halten?

Immer dasselbe. Die Bewegung des Kindes entwickelt sich nicht parallel mit der Entwicklung der Muskulatur und des Gleichgewichtssinnes, sondern so, wie es der durch Schranken und Einschränkungen gegebenen Situation entspricht.

Ist der Raum nicht groß genug oder interessiert der Gegenstand, womit das Kind auf einem so knappen Platz spielen kann, es nicht genügend, wird es versuchen sich aufzusetzen oder aufzustellen, gleichgültig, wo es auch ist, im kleinen oder großen Kinderbett oder im Laufgitter, und zwar früher, als es sonst dazu Lust hätte. Ein im Kinderwagen gehaltenes Kind versucht schon deswegen in die Höhe zu kommen, weil es nur auf diese Weise etwas von der Umwelt sehen kann.

Ein Beweis, wie oft es der Mangel an Gelegenheit ist, ob die Kinder sich aufsetzen, aufzustehen versuchen, ist, dass Kinder, die bis dahin zum Beispiel im Laufgitter ständig standen oder sitzend spielten, damit vollständig aufhören, sobald wir ihnen genügend Platz zum Kriechen geben. Bis dahin saßen sie stundenlang gebückt oder weinten am Gitter hängend. Jetzt kriechen sie vergnügt umher und stellen sich nur dann auf, wenn sie nach etwas greifen wollen, und setzen sich eine Zeit lang überhaupt nicht auf oder nur für Sekunden.

Es wäre besser, wenn Mütter untereinander sich nicht rühmen würden, wie etwa: »Mein Kind ist nie gekrochen, es hat gleich mit dem Gehen begonnen« – oder »Mein Sohn will sich gar nicht vom Rücken auf den Bauch drehen, er klammert sich schon an den Wagenrand, um sich aufzusetzen, das ist's, was ihn interessiert«. – Es wäre besser, wenn die Mütter nachdenken und den Fehler suchen würden, die auslösende Ursache: *warum einzelne Entwicklungsstufen der Bewegungsentwicklung ausgelassen wurden.* Denn ihr Stolz entspringt einem Irrtum. Sie glauben, ihr Kind entwickelt sich »anders als die übrigen«, weil es geschickt ist. Im Gegenteil. Es ist zwar wahr, dass je geschickter das Kind ist, es umso mehr Freude findet an der Bewegung, es umso rascher Fortschritte macht im Erlernen immer neuer Bewegungen, also in seiner Bewegungsentwicklung. Doch wie ein wachsender Baum nur dann von der geraden Richtung abweicht, wenn innere Krankheit oder äußere Umstände ihn hindern, in der geraden Richtung zu wachsen, so kann die Bewegungsentwicklung, die eine organische Verkettung einzelner Entwicklungsstufen ist, von ihrem Verlauf auch nur durch Krankheiten oder äußere störende Umstände abgelenkt werden. Also die Bewegungsentwicklung des Säuglings geht nur dann in einer von der beschriebenen abweichenden Richtung vor sich, wenn er sich nicht so bewegen kann, wie er möchte. Wenn er nicht zweckmäßig gekleidet wird oder man ihm nicht genügend Platz gibt oder er anderswie von seiner ursprünglichen Entwicklungsrichtung abgelenkt wird.

3. *Wir hindern* den Säugling in seiner Bewegungsentwicklung, wenn wir ihn ständig herumtragen, auf dem Schoß halten, wiegen und so weiter. Der Säugling wird dadurch passiv, unbeholfen, unselbstständig. In all diesen Lagen ist er nicht Herr seines Körpers, in jeder Minute geschieht oder könnte etwas mit ihm geschehen, was ihn in eine völlig neue Lage bringt. Nicht einmal wenn er wollte, könnte er sich frei bewegen. Außerdem erwartet er dann dauernd, dass man sich mit ihm beschäftigt, und wird natürlich auch nicht auf seine eigenen Bewegungen achten. Dieses Benehmen der Erwachsenen hemmt also seine Bewegungsentwicklung, indem es die Aufmerksamkeit des Säuglings künstlich ablenkt und ihm die selbstständige Tätigkeit abgewöhnt. Ganz abgesehen davon, dass man auch den jungen Säugling meistens sitzend im Arm hält, was schon an sich unvorteilhaft für seine Bewegungsentwicklung ist. Davon wird noch später die Rede sein.

4. *Wir hindern* den Säugling in seiner Bewegungsentwicklung, wenn wir ihm ständig helfen, ihn bedienen. Eine wichtige Begleiterscheinung der Bewegungsentwicklung ist, dass das Kind immer selbstständiger wird. Wenn wir das nicht zulassen, hindern wir eine wesentliche Triebkraft und Möglichkeit in der Bewegungsentwicklung. Tun wir nichts für den Säugling, wozu er selbst fähig ist, zum Beispiel wenn er nach etwas greift, das er selbst erreichen kann, wenn er sich anstrengt;

er wird auch allein herausfinden, wie er es erreichen kann. Je weniger wir uns in seine Versuche einmischen, umso eifriger und ausdauernder wird er weiter experimentieren.

5. *Wir hindern* das Kind, indem wir es ewig erschrecken oder ihm drohen: »Pass auf!« – »Ach, du wirst herunterfallen!« – »Du wirst dich stoßen!« und so weiter. Das gesund erzogene Kleinkind ist instinktiv vorsichtig. Zum Beispiel überlegt es lange und macht Versuche, ob es sich wohl vom Bettrand hinunterlassen kann oder nicht, ob es wohl ohne größeres Unheil auf allen vieren die Treppe hinauf oder hinunterklettern kann (Abb. 53). Meistens gelingt so etwas nicht gleich beim ersten Versuch. Doch das Kind probiert es immer wieder. Wenn aber der Erwachsene das Kind bei jedem Versuch mit unheilverkündenden Prophezeiungen zurückschreckt, wird das Kind mit der Zeit gar nichts mehr versuchen. Es nimmt schon von vornherein an, dass es unbedingt hinunterfallen wird. Wenn das Kind nun zum Beispiel das Hinaufklettern nicht mehr probiert, lernt es diese Bewegung auch nicht zu meistern, das heißt, man redet ihm also nicht nur ein, dass es ungeschickt sei, es wird es schließlich tatsächlich. Einmal aber muss es doch die Treppe herunterkommen oder irgendwo hinaufklettern. Das eingeschüchterte Kind wird all dies zitternd und unsicher ausführen und purzelt daher viel häufiger hinunter als das selbstsichere. Diese bittere Erfahrung wird es noch mehr einschüchtern, so wird es immer ängstlicher, unsicherer.

6. *Wir hindern* die Bewegungsentwicklung des Säuglings, wenn wir ihm überflüssigerweise alles Mögliche verbieten: das Kriechen auf dem Bauch, das Kriechen auf allen vieren, das Knien auf dem Boden, das Herumklettern, zum Beispiel weil wir befürchten, dass er sich erkältet oder beschmutzt. Kleiden wir ihn so, dass er nicht friert, und ziehen wir ihm Kleidungsstücke an, um die es nicht schade ist. Fordern wir nicht von ihm, dass seine Kleidung immer wie »frisch aus dem Schrank genommen« sei, sonst wird auch das Kind so werden: steif, leblos.

7. Auch aus *Schicklichkeits-* oder »ästhetischen« Gründen darf man sich in den Gang der Bewegungsentwicklung nicht einmischen. »Sitz gerade!« – »Setz dich nicht auf die Beine!« – »Wie sitzt du schon wieder?« – »Schließ die Beine!« – »Es schickt sich nicht, so zu sitzen!« – »Sitz anständig!« – all dies sind völlig sinnlose, überflüssige und schädliche Bemerkungen, auch bei größeren Kindern. In einer gewissen Entwicklungsperiode setzen sich die Kinder mit besonderer Vorliebe auf die Fersen, ein andermal sitzen sie im Reitsitz oder mit weit gespreizten Beinen, zum Beispiel weil für die aufrechte Rückenhaltung der Reitsitz und so weiter günstiger ist. Die Stellung, die Körperhaltung, die das Kind selbst ausgesucht hat, ist immer richtiger und zweckmäßiger für es als die ihm aufgezwungene Sitzart. (Übrigens auch bei echten Fehlhaltungen sind Ermahnungen nicht am Platz. Die Korrektur muss funktionell sein.) Selbstverständlich bezieht sich all das ebenso auf das Stehen, Gehen, Liegen und so weiter, also auf die übrigen Positionen der Bewegungsentwicklung.

8. *Wir hindern* das Kind, wenn wir es ermuntern, anspornen, auffordern, gewisse Bewegungen vorzuführen. Wenn wir seine einzelnen »Leistungen« vor ihm übertrieben anerkennen. Ein Beispiel: Das Kleinkind probiert, experimentiert aufmerksam, mit Vergnügen, in sich versunken. Es ist eben an einem Versuch, der ihm vielleicht gelingt ... Vielleicht ... Aber in diesem Augenblick bricht der Sturm los! »Das Baby steht, schau doch hin!« – »Schau hin!« – »Es kann schon stehen.« – »Steh noch mal auf!« – »Zeig es Vati, wie Klein-Baby steht!« – »Komm, ich werde dir helfen!« – »Komm, gib mir die Hand!« Die Wirkung von all dem ist unberechenbar. Die Aufmerksamkeit des Kindes wird abgelenkt von den Versuchen, von dem Experimentieren mit Bewegungen und wird stattdessen darauf gerichtet, dass das, was es macht, Publikumswirkung hat. Zu was allem auch Kleinkinder fähig sind, um das Gefallen des Publikums zu erringen, ist allgemein bekannt. Das Kind wird auf diese Weise nicht das üben, was seiner Entwicklung, seinem jeweiligen Zustand entspricht, nicht das, was es selbst erfreut, sondern das, wovon es annimmt, dass es den Erwachsenen gefällt.

9. *Wir hindern* die Entwicklung des Säuglings, wenn wir ihn in Positionen zwingen, in die er von selbst nicht gelangen könnte. Es wäre mühsam, alle diese Zwangspositionen aufzuzählen. Nur einige charakteristische Beispiele erwähne ich. Uns allen ist schon Ähnliches begegnet.

a) Man stopft Kissen hinter den Rücken des Säuglings. So bringt man ihn in Sitzstellung, noch bevor sein Körper, seine Muskulatur, sein Knochensystem reif genug und geeignet zum Sitzen ist. Jedenfalls bringt man ihn zu einem früheren Zeitpunkt in diese Haltung, als er selbst ihn wählen würde. Wenn er von selbst sich aufsetzt, benötigt er keinerlei Kissen oder Stütze.

Ein ähnliches Verfahren ist es, wenn man den Säugling aufsetzt und so im Schoß, in den Armen oder in einem Stuhl mit Lehne hält, oder wenn man ihn später mit verschiedenen Stützen aufs Töpfchen setzt, noch bevor er sitzen könnte. Das Ergebnis: zusammengedrückter Brustkorb, in sich gesunkene Körperhaltung, gekrümmtes Rückgrat.

Wenn man den Säugling aus der Rückenlage an den sich anklammernden Händen zum Sitzen zieht, »sitzt« er am Anfang gezwungen, oft verzweifelt, doch wenn man dies mit ihm übt und er sich an die damit verbundenen Unbequemlichkeiten schon gewöhnt hat, bleibt er gern in dieser Position trotz der krampfhaften, nicht entsprechenden Haltung. Später fordert er sogar, dass man ihn aufsetzt. Das Sitzen ist nämlich unterhaltsamer als das Liegen: Man sieht mehr, man kann seine Umgebung besser überblicken. Doch ist das noch kein Argument dafür, dass man dem Säugling das Sitzen beibringen soll. Er hat reichlich Zeit, die Freude des Sitzens zu erleben und daran Gefallen zu finden, wenn er im Lauf seiner organischen Bewegungsentwicklung aus eigener Kraft mit guter Koordination dazu gelangt. So bliebe ihm auch die Freude, es von selbst erlernt zu haben.

b) Man fasst beide Hände des Säuglings an, zieht ihn herauf, zwingt ihn in stehende Stellung, »Das Baby steht, es steht …« Das Kind steht in einer erzwungenen, unsicheren Haltung, aber es steht. (Später lacht es, freut sich sogar, denn es sieht, dass die Erwachsenen, die es umgeben, sich freuen, seine Leistung anerkennen und loben.) Das Kind kann sein krampfhaftes, steifes, schlechtes Stehen aber nicht korrigieren. Es ist dazu noch nicht reif genug, weder körperlich noch seelisch. Wenn es das wäre, würde es von selbst aufstehen, ohne gezwungen zu werden. Korrigieren kann es also die Fehler seiner »Leistung« nicht, es gewöhnt sich höchstens daran und fixiert dann auch diese Körperhaltung so, wie es sich daran gewöhnt hat. Wenn es dann reif genug wäre, um eine bessere Haltung auszuprobieren, stört es die schlechte Haltung schon nicht mehr. Schlimmer noch: Je mehr es steht und je größer sein Körper wird, umso größer wird das Übel. Oft lässt die Fußwölbung nach oder entwickelt sich gar nicht, die Knie biegen sich durch und nach außen, die Kreuzgegend wird immer stärker durchgedrückt, der Rücken rundet sich und so weiter. Die schwächeren Gelenke lockern sich infolge der zu großen Belastung und verlieren – vielleicht für das ganze Leben – ihre ursprüngliche Elastizität.

c) Der Erwachsene stellt das Kind auf und ruft es aus einer Entfernung von zwei bis drei Schritten, lockt das Kind: »Komm zu mir, komm zu Mutti!« – »Komm, komm!« Einen wirksameren Zwang kann man sich gar nicht vorstellen. Das Kind hat meistens nicht einmal richtig stehen erlernt, fühlt sich also schon in stehender Stellung unsicher. Es traut sich nicht, sich niederzusetzen, es kann es nicht – warum sollte es also. Der Versuch, sich zu setzen, sollte ja erst dem Aufstehen folgen, und das Kind hatte weder Zeit noch Gelegenheit, das eine wie das andere ruhig auszuprobieren. Es ist vollkommen hilflos in einer peinlichen, verzweifelten Situation. Die Mutter aber, bei der das Kind die Rettung, die Sicherheit erhofft, steht vor ihm, zwei bis drei Schritte entfernt, mit ausgebreiteten Armen, lächelnd, und ruft, ermuntert es. Was geschieht nun? Das kleine Kind geht los, *es geht aber nicht*, weil es noch nicht gehen kann. – Wenn es könnte, dann wäre all dies überflüssig, also *läuft es hin* zum Erwachsenen, richtiger *fällt hin*, stürzt sich zu ihm wie einer, der sich vom Sprungbrett in das Wasser wirft. Nachher natürlich lacht es, atmet glücklich auf und empfängt den Beifall, das Lob, die Anerkennung. Es freut sich, so leicht sich gerettet zu haben, es lernt also zuerst das Laufen und erst später das Gehen, und natürlich lernt es beides nicht mit guter Koordination. Das Ergebnis: Das Kind geht unsicher, ermüdet bald und fällt ungeschickt und tut sich oft und unverhältnismäßig stark weh.

d) Zu den Zwangssituationen gehört auch, wenn man das Kind, das selbstständig noch nicht gehen kann, an den Händen führt. Anfangs, wenn das Kind zwar schon an der Hand geführt wird, aber noch nicht selbstständig gehen kann, stützt es sich statt auf seine Beine viel mehr auf die Hand, die es führt, es klammert sich an sie, hängt halbseitig an ihr. Also geht es nicht nur mit falscher Statik, sondern auch einseitig. Dieses Kind wird, wenn es stolpert – um nicht zu sehr anzustoßen –, anstatt seine Hände instinktiv dem Boden entgegen auszustrecken, infolge der fehlerhaften Gewöhnung auch während des Fallens nach oben greifen. Es erlernt nicht das Fallen. Vor dem Hinfallen kann und soll man auch ein Kind nicht schützen. Dieses Kind ist aber beim Fallen viel größeren Gefahren ausgesetzt als jenes, das sich dabei instinktiv, mit natürlichen, zweckmäßigen Bewegungen verhält.

Der gesunde Säugling turnt ohnehin von früh bis spät. Er tut tagelang nichts anderes als turnen, üben, wenn man ihn in Frieden lässt. Er probiert, wie ihm die Bewegung am besten behagt. Das kann er nur allein tun. Jedes Kind hat nämlich einen anderen Körperbau, und jedes muss sich anders bewegen, um seinen Körper, seinen eigenen Anlagen entsprechend, am freiesten, zweckmäßigsten, mit geringster Mühe, auf gesündeste Weise zu benützen. Die selbstständigen Übungen des Säuglings befolgen keine theoretischen Vorschriften, sondern richten sich nach dem jeweiligen Zustand und den Erfordernissen der Entwicklung des Kindes, seines Knochen- und Muskelsystems unter anderem. Turnübungen können dem gesunden Säugling nur schaden, können den Gang der Entwicklung nur stören. Das Turnen lenkt die Bewegung des Kindes ebenso in eine abweichende Richtung wie jeder andere der bisher beschriebenen äußeren Eingriffe. Die Eltern versuchen auf die unmöglichste Weise, mit den ausgefallensten Mitteln die Entwicklung des Kindes zu »fördern«. Innerhalb der zahlreichen Möglichkeiten vergessen sie oft nur das Nächstliegende und Einfachste: das kleine Kind in Ruhe sich entwickeln zu lassen.

Zusammenfassend: Das Wesentliche ist nicht, »was das Baby schon kann«, sondern das Wichtige ist »*das Wie*«. Also: ob es *gut*, richtig Stehen, Gehen, Laufen und so weiter lernt. Das wichtigste Kriterium der guten Bewegung ist die Ökonomie, das zweckmäßige Ausnützen der Möglichkeiten. Das richtige Stehen, Gehen ist nicht nur schöner, sicherer, harmonischer, sondern in erster Linie bedeutend weniger ermüdend und erschöpfend als die steife, ungeschickte, unrichtige Art.

Forcieren wir den Säugling nicht. Versorgen wir das Kind gut, doch stören wir nicht den langsamen, stetigen Vorgang, der bei jedem Kind einen eigenen Rhythmus und Verlauf hat, innerhalb dessen jedes gesunde Kind von der Rückenlage zum freien Gehen gelangt, zwar in verschiedenen langen Zeitspannen, aber immer in Wechselbeziehung mit seiner eigenen körperlichen und seelischen Konstitution, seinen Gliedmaßen, seine Bewegungsfähigkeit möglichst gut verwertend.

Warum lassen wir den Säugling sich nicht seinen eigenen Gesetzen gemäß entwickeln? Ist es nicht sonderbar, dass es ständig etwas anderes tun muss, als was ihm behagt? Übt er Bewegungen in Rückenlage, so drehen wir ihn auf den Bauch, bewegt er sich auf dem Bauch, setzen oder stellen wir ihn auf. Steht er, so führen wir ihn bei den Händen, damit er gehen lernt. Später sind wir dann freilich verzweifelt, dass er schlecht sitzt und steht, sein Rücken gebeugt ist. Dann versuchen wir das Kind durch orthopädischen Turnunterricht während relativ kurzer Zeit, in zwei bis drei Stunden wöchentlich, dazu zu bringen, all das in Form von Turnübungen zu wiederholen, was zu üben wir seinerzeit verhindert haben.

Jedes Kind entwickelt sich anders

Über die geistige Entwicklung und die Entwicklung des Gefühlslebens*

1. Ein abschreckendes Beispiel

Die körperliche, motorische Entwicklung des Kleinkindes bildet nur einen Teil der ganzen Entwicklung. Wenn wir die Entwicklung der geistigen Fähigkeiten und des Gefühlslebens des Kindes von einem ähnlichen Standpunkt aus untersuchen, so sehen wir im Großen und Ganzen auf diesem Gebiet dieselben Erscheinungen wie die der motorischen Entwicklung.

Beobachten wir das Verhalten der Kleinkinder. Besonders auffallend ist es bei Einzelkindern und bei den Erstgeborenen, dass etwas »nicht in Ordnung« ist in ihrem Geistes- und Gefühlsleben. Sehr oft fehlt im Benehmen der Kleinkinder – ebenso wie in ihrer Bewegung – die Leichtigkeit, die Natürlichkeit, die Selbstverständlichkeit, die Aufrichtigkeit.

Ein großer Teil der Kleinkinder ist oft quengelig, rastlos, »gelangweilt«. Sie erwarten, dass man sie amüsiert, immer mit ihnen spielt.

Das Kind wächst und klammert sich immer mehr an die Erwachsenen, immer weniger findet es seinen Platz in der Welt. Gleichzeitig wachsen auch seine Ansprüche, es wünscht immer kompliziertere Spielzeuge, um sich halbwegs wohlzufühlen. Wie oft hören wir von der Mutter: »Das Kind hat so viel Spielzeug, fast einen ganzen Spielzeugladen, aber es spielt mit gar nichts. Es schaut etwas an, nimmt es einmal in die Hand, zerbricht es, wirft es weg und quält mich weiter.«

---

* Selbst eine skizzenhafte Beschreibung jedes Moments und jeder Beziehung der Geistes- und Gefühlsentwicklung würde den Rahmen dieses Buches überschreiten. Das habe ich gar nicht versucht. Ich weise nur flüchtig auf Erscheinungen hin, die ich als charakteristisch betrachte und die ich für die Eltern – also aus pädagogischen Gründen – hier und gerade in diesem Zusammenhang für wichtig halte.

Das Leben des Kindes und das eigene Leben erträglich zu gestalten bedeutet für die Mutter, für die Umgebung eine stets schwerer zu lösende Aufgabe. Muss das so sein? Ist das in Ordnung? *Nein.*

Im Kind – auch schon im Säugling – besteht ein von Natur aus unversiegbares und immer zunehmendes Interesse für die Welt und für sich selbst. Der Säugling muss nicht »amüsiert« werden, er benötigt keine komplizierten Spielsachen. Stunden-, tage-, sogar monatelang spielt er mit den einfachsten Gegenständen, die ihm eben in die Hände geraten, und immer mit größter Aufmerksamkeit, mit größtem Interesse und Vergnügen. Und monate-, sogar jahrelang beschäftigt er sich mit seinem eigenen Körper, seinen Bewegungen und Bewegungsmöglichkeiten. Nur darf er natürlich darin nicht gestört werden.

Wenn der sonst gesunde Säugling »sich langweilt«, wenn er »grantig« oder, wie man zu sagen pflegt, »nervös« ist, so ist das immer Folge des Verhaltens seiner Umgebung – richtiger die Folge von Erziehungsfehlern.

Welches sind diese Fehler?

Wie wird der Säugling im Allgemeinen behandelt?

Meistens wird er nicht als ein menschliches Wesen, sondern als ein Spielzeug oder eine »Puppe« betrachtet.

Man umsteht ihn, er wird herumgezeigt, betastet, geküsst, gewiegt, herumgetragen. Man pfeift, schmatzt, babbelt, springt um ihn herum. Später werden Versuche mit ihm angestellt: »Was kann das Baby schon?« Man versucht, ob es hört, wenn man zu ihm spricht. Ob es die verschiedenen glänzenden, funkelnden Gegenstände (Ketten und Ähnliches) sieht. Ob es bewegten Gegenständen mit den Augen folgt. Ob es lacht, wenn man es kitzelt. Als ob all das im Lauf des alltäglichen Lebens des Kindes nicht beobachtbar wäre. Fortwährend geschieht etwas mit ihm. Keine Minute Ruhe hat es. Um es herum ist ein ganzes Theater. Es ist der Mittelpunkt von allem. Verschiedene Eindrücke werden ihm einfach aufgedrängt, es wird gezwungen, seine Aufmerksamkeit immer auf etwas anderes zu richten. Immer ist es umringt. »Wie süß!« – »Wie goldig!« – »Es sieht seinem Vater ähnlich!« oder »seiner Mutter!« – oder »keinem von beiden«. Später: »Hänschen erkennt schon den Vati!« – »Nicht wahr, Hänschen?« – »Hänschen kann schon lachen!« – »Jetzt zeig mal Vati, wie Hänschen lacht!« – »Lach, Hänschen, mein Goldkäferlein, lach einmal den Vati an!« – »Hänschen zeigt dem Onkel, dass er schon Hände klatschen kann.« Dann: Hänschen hat dies gemacht – jenes gemacht, sagte dies oder das. »Nicht wahr, Hänschen?«

Man redet, redet, redet in seiner Gegenwart. Man spricht über seinen Kopf hinweg – nicht zu ihm! – über alles, was er tut, über jede seiner Bewegungen, über jeden Ton, den er von sich gibt. Alles beobachtet man laut mit übertriebener Aufmerksamkeit, alles wird besprochen. Alle seine Worte werden vor ihm hundertmal wiederholt.

Es ist offenbar, dass nicht ruhige, gelassene, sich vernünftig benehmende Erwachsene sich »kindisch« benehmenden Kleinkindern gegenüberstehen, sondern gerade umgekehrt: Die Erwachsenen sind es, die sich nicht vernünftig, sondern »kindisch« benehmen. Das Kind übernimmt höchstens und erlernt binnen kürzerer oder längerer Zeit von den Erwachsenen das unruhige, oft sinnlose Verhalten, das grammatikalisch fehlerhafte Babbeln, kurz: das sogenannte »kindische« Benehmen.

Armes Neugeborenes! An all das war es nicht gewöhnt, war nicht darauf vorbereitet. Es erschrickt oft; das Übermaß der allzu heftigen, plötzlich eintreffenden, beunruhigenden Eindrücke flößt ihm Furcht ein. Sie stürmen auf es ein wie ein Gewitter, wie der Hagel auf die junge Saat. Es weint, es schreit. Anders kann es sich nicht wehren. Doch solange es noch verzweifelt ist, solange es auf die gewaltsamen Eindrücke mit Schreien reagiert, solange es sich den Angriffen noch widersetzt, ist noch nichts verloren. Das Übel beginnt erst, wenn der Säugling schwindelig, betäubt, hilflos sich allem ergibt. Wenn er aufgehört hat, sich zu wehren. Gleichzeitig mit dem Widerstand gibt er nämlich seine Selbstständigkeit und auch seine Aktivität auf. Erst duldet er nur die ihn überschüttenden Eindrücke – dann gewöhnt er sich daran, findet Gefallen an diesem Zustand. Es wird sein Lebenselement. Später kann er ohne dieses gar nicht mehr bestehen. Es wird für ihn selbstverständlich, ständig der Mittelpunkt des Interesses zu sein. Er findet daran Vergnügen. Selbstständig beschäftigt er sich mit gar nichts mehr, beschäftigen sich doch immerfort andere mit ihm. Nichts interessiert ihn mehr, nur ob er selbst andere interessiert.

Höchst bezeichnend für einen solchen Säugling ist, dass er mit der Zeit immer quengeliger wird, an den Erwachsenen krankhaft klebt. Nur die Erwachsenen interessieren ihn, aber auch nur, insofern sie um ihn herum sind, von ihm reden, sich mit ihm beschäftigen. All dies löst aber beim Kind keine gleichmäßige, harmonische, dauernde, ruhige Freude und Zufriedenheit aus, vielmehr Unruhe, aufregenden Genuss. Gerade diese Aufregung ist es, woran sich das Kind gewöhnt, woran es Gefallen findet und worauf es nicht mehr verzichten will und kann. Können doch wir Erwachsenen uns den Genuss giftiger Rauschmittel, an die wir uns einmal gewöhnt haben, auch nicht mehr abgewöhnen. Wie die eingefleischten Raucher oder Alkoholiker alles in Bewegung setzen, um zu dem gewohnten, unentbehrlich gewordenen Genussmittel zu gelangen, bietet der Säugling, der an dieser Art der Erregung Gefallen gefunden hat, auch alles auf, um Mittelpunkt der Gesellschaft der Erwachsenen zu werden oder zumindest in den Mittelpunkt ihres Gespräches zu gelangen. Ohne das wird er passiv, unlustig, langweilt sich. Ist er allein, sinkt er unbeholfen in sich zusammen. Alles tut er nur, um die Aufmerksamkeit auf sich zu lenken. Gleichgültig, ob sie lachen, sich über ihn wundern, auf ihn böse sind. Wichtig ist, dass man auf ihn aufmerksam wird, sich mit ihm beschäftigt. Das will er erzwingen. Man lobe oder schelte ihn, nur allein soll man ihn nicht lassen. Was immer er auch spricht, ob er weint oder lacht, ob er etwas ergreift, aufnimmt oder niederwirft – kurz, was immer er tut –, seine eigentliche Aufmerksamkeit oder ein großer Teil davon richtet sich auf die Erwachsenen, auf das, was sie davon halten, dazu sagen.

Eine neue Wende erfolgt, wenn all das langsam den Erwachsenen langweilig zu werden beginnt. Zur Zeit der Geburt richtet sich natürlich alle Aufmerksamkeit der Erwachsenen auf das Kind. Dieser Zustand aber kann nicht dauerhaft sein. Mag die Ankunft des Kindes ein noch so großes Ereignis für die Eltern sein – früher oder später werden sie sich bemühen, ihr bisheriges Leben fortzusetzen. Wie sehr die Eltern auch den Säugling »anbeten«, die Beschäftigung mit ihm kann ihnen nicht dauernd all das bieten, was ihre regelmäßige Arbeit, tägliche Beschäftigung, die gewohnte Gesellschaft ihrer Kollegen, ihrer Freunde und Verwandten bietet. Der Zauber der Neuigkeit verschwindet, und sie wissen nicht mehr, was sie mit dem Kind anfangen sollen. Gar nicht davon zu reden, was geschieht, wenn inzwischen das zweite Kind zur Welt kommt! Unausweichlich werden diese Eltern des Kindes überdrüssig, schon darum, weil das Kind – infolge des Benehmens der Eltern – langweilig, grantig, anmaßend geworden ist. Außerdem gekünstelt, »affektiert«. Alles, was es tut, wird an die Erwachsenen, an das »Publikum« gerichtet sein. Es verliert die Natürlichkeit, die unbewusste Anmut, die das Anziehendste an ihm war. Es wird für die Erwachsenen langweilig und lästig, weil es buchstäblich an ihnen klebt. Daran denken sie freilich nicht, dass gerade sie selber schuld sind, dass das Kind so geworden ist.

Um den Rückzug anzutreten, ist es schon zu spät. Das Übel ist geschehen. Wenn das Kind sich einmal daran gewöhnt und daran Gefallen gefunden hat, dass man sich immerfort mit ihm beschäftigt, wird es auf diese angenehme Erregung nicht von einem Tag auf den anderen verzichten. Der Säugling ist ja kein Objekt, kein Spielzeug, das man, wann immer, hervorziehen kann, womit man nach Belieben spielt und das man beiseitelegt, wenn man seiner überdrüssig wird. Wir müssen uns vor Augen halten, dass alles, was wir mit dem Säugling tun, Folgen hat. Das Kind findet sich nicht damit ab, dass man sich auf einmal weniger mit ihm beschäftigt, es stellt Ansprüche. Es will wieder Mittelpunkt der Ereignisse werden. Um das zu erreichen, verfügt es über ausgezeichnet bewährte Mittel. Es weiß genau, was seine Eltern in Bezug auf seine Person vor allem interessiert. Es versucht jedes Wort oder jede Bewegung, die bei den Erwachsenen Erfolg hatten, so oft wie möglich zu wiederholen; wenn das nichts nützt, hat es noch andere Mittel, zum Beispiel weint es, schläft nicht ein, nässt ins Bett oder in die Hose und so weiter. Und schließlich, sein einfachstes und wirkungsvollstes Mittel ist: Es isst nicht. »Das Kind isst mir nicht!«, sagen die Eltern öfters. Auf diese Weise erreicht es im Allgemeinen, dass bei den Mahlzeiten das Bitten, Flehen, Zureden, Zwingen Stunden in Anspruch nimmt, also stundenlang dauert der Rummel der Erwachsenen um es herum. Doch während die Lage derart entartet, hat sich das Verhältnis zwischen den Eltern und dem Kleinkind völlig verändert. Aus der Anbetung wurde ein gespanntes, nervöses, ungeduldiges, fast feindliches Verhältnis. »Ich werde ihm schon zeigen, dass es nicht geht, dass es den ganzen Tag brüllt ...« – »Nun erst recht wird es niemand in den Schlaf wiegen!« – »Das fehlte noch, dass alle tanzen, wie es pfeift!« – und unzählige ähnliche Versionen. Eltern und Kind stehen schon als Gegner einander gegenüber. Man kämpft um die Macht. Wer kann den Willen des andern brechen. Möglicherweise siegt das Kind, vielleicht aber auch die Eltern. Für die spätere Entwicklung des Kindes, für sein späteres Fortkommen und sein Glück kann das eine ebenso katastrophal werden wie das andere. Möglicherweise findet das Kind – als Besiegter – auf Umwegen später den Weg, den es einst eingeschlagen hatte: den Weg zur Selbstständigkeit. Das ist aber nicht mehr das ursprüngliche, friedliche und befriedigende Alleinsein. Nicht die Versunkenheit in den einfachen Freuden, in welchen der Säugling die Erwachsenen nur darum nicht beachtet, weil er sich in Sicherheit fühlte, weil er fühlte, dass sorgsame, liebende Freunde ihn umgeben, auf die er sich vollkommen verlassen kann, von denen er Hilfe bekommt, wenn er sie benötigt. Diese glückliche Zeit ist vorüber. Das Kleinkind wird nie mehr das sein, was es hätte werden können. Dieses neue Alleinsein bedeutet Isolierung, gespannte, spröde Verschlossenheit. Mit alldem möchte ich nicht sagen, dass es in diesen Fällen keine Hilfe mehr gibt. Mit Geduld und Fachkenntnis können wir noch viel helfen. Aber meistens kommt da schon nur die heilende Behandlung infrage. Deren Möglichkeiten und Methoden überschreiten allerdings den Rahmen dieses kleinen Buches.

Freilich gibt es auch Ausnahmen: Es gibt Säuglinge, sozusagen »unverwüstliche« Säuglinge, deren Anlagen und Entwicklungslinien so genau festgesetzt, so eindeutig und zielgerichtet sind, dass, was immer auch mit ihnen geschieht – natürlich innerhalb gewisser Grenzen –, sie im Grunde ruhige, heitere, anpassungsfähige Kinder und später ebensolche Erwachsene werden, allem – auch ihrer Erziehung – zum Trotz. Doch die Zahl dieser Kinder ist sehr gering. Die meisten nehmen Schaden.

2. Das Verhältnis von Mutter und Kind

Wie sich der Säugling verhält, wie er sich im Allgemeinen entwickelt, wenn sein Lebensgang und Gleichgewicht durch das wenig verständnisvolle, wenig taktvolle Benehmen der Erwachsenen nicht gestört wurde, will ich im Folgenden beschreiben.

Die Grundbedingung der friedlichen, gesunden Entwicklung eines Kindes ist ein freundliches, verständnisvolles Verhältnis zwischen Kind und Mutter. Zunächst müssen wir also davon sprechen, wie dieses gesunde Verhältnis zwischen Mutter und Kind eigentlich zustande kommt. Nach dem Lesen der vorangegangenen Kapitel könnten so manche Leser glauben, dass die Mutter sich dem Neugeborenen und dem Säugling gegenüber dann entsprechend verhält, wenn sie vollkommen passiv ist, wenn sie unpersönlich, mechanisch mit dem Kind umgeht. Nach dem Erscheinen der ersten zwei Auflagen dieses Buches in Ungarn haben sich viele mit folgenden und ähnlichen Fragen an mich gewendet: »Sollen wir uns vielleicht überhaupt nicht mit dem Säugling beschäftigen?« – »Sollen wir ihn womöglich gar nicht anschauen?« – »Halten wir uns auch dann fern von ihm, wenn wir mit ihm sind?« – »Immer sollen wir nur darauf achten, dass wir ihn nicht stören?« *Nein.*

Der Säugling braucht sehr viel Liebe. Er muss fühlen, dass wir ihn sehr gern haben. Seien wir lieb zu ihm, lächeln wir ihm zu, reden wir mit ihm, spielen wir gelegentlich auch mit ihm. Vor allem aber: *Sorgen wir für ihn!* Die Liebe, die Sorgfalt muss das Kind umgeben wie ein angenehmes, gleichmäßiges, warmes Bad. Das Kind soll – auch wenn wir nicht neben ihm sind – ständig fühlen, dass wir es lieben, dass es sich in Sicherheit befindet, dass wir auf es achtgeben, damit ihm nichts Schlimmes zustößt. Spürt es das nicht, wird es sich nicht gut entwickeln. Und zwar leiden darunter nicht nur sein Gemütszustand oder seine geistige Entwicklung, sondern auch seine Entwicklung auf allen anderen Gebieten. Sogar in seiner Bewegungsentwicklung können Störungen auftreten. Umsonst »lassen« wir das Kind sich bewegen, umsonst sichern wir ihm genügend Raum und Zeit, damit es alles bequem, gemächlich von selbst erlernt. In einer lieblosen, kalten Umgebung, wenn es nicht gut versorgt ist, wenn es sich nicht zu Hause fühlt, wenn es sich nicht in Sicherheit fühlt, wird es auch in seiner eigenen Bewegung kein Vergnügen und keine Freude finden, das heißt, es wird sich weder dafür noch für die Dinge der Welt interessieren – wie genau wir auch die in den vorangehenden Kapiteln aufgezählten Verbote einhalten mögen.

Ja! Lieben wir das Kind, und lassen wir es diese Liebe fühlen – aber wir müssen einsehen, dass die Liebe nicht darin besteht, dass wir das Kind immerfort »unterhalten«, umtanzen, mit »kindischem« Lispeln, mit schwärmerischem Entzücken überhäufen. Wir müssen unsere Kinder unsere Liebe fühlen lassen, indem wir sie gut versorgen. Nicht bloß theoretisch »gut«, sondern so, dass dies *ihnen* persönlich entspricht. Um das verwirklichen zu können, müssen wir das Kind vor allem gut beobachten, wir müssen unsere Kinder *kennenlernen.*

Das klingt sehr einfach, ist aber gar keine leichte Aufgabe. Ich kenne viele Mütter, die ihren Säugling nicht kennen, nichts von ihm wissen, sich benehmen, als wäre er völlig fremd für sie, als hätten sie ihn nie gesehen, als hätten sie ihn nie aufmerksam betrachtet. Allerdings genügt das Auge allein nicht, um zu sehen. Wir müssen beobachten, fühlen und denken, uns in die Welt des Kindes einfühlen, einleben. Zum Beispiel: Das Kind liegt in einer eigentümlichen, »gezwungenen« Körperlage: »Es tut mir weh, zuzuschauen«, sagt da eine Mutter – aber wir dürfen nicht daran denken, wie unangenehm es für uns wäre, so zu liegen, sondern müssen beobachten, ob diese Lage dem Kind bequem oder unbequem ist. Das Neugeborene liegt in der Regel halbseitlich, den Kopf auf die Seite gedreht. Ändern wir nichts daran. – *So ist es ihm* in dieser Periode bequem. Oder: Wenn das Kind allein ist oder abends im dunklen Zimmer liegt, denken wir nicht daran, wie wir uns als Kinder in ähnlicher Situation gefühlt haben (wir langweilten uns, wenn man uns allein gelassen hat, wir fürchteten uns im dunklen Zimmer und so weiter), sondern schauen, lauschen, beobachten wir! Möglich, dass das Kind Angst hat, aber möglich ist auch, dass es friedlich und zufrieden seine Umgebung studiert und durch das Alleinsein nicht gestört wird – aufmerksam spielt es etwa mit seinen Händen oder probiert seine Stimme, und es fällt ihm gar nicht ein, dass man allein oder im Dunkeln auch Angst haben könnte.

Von Anfang an gibt es viel, das man schon an ganz kleinen Säuglingen beobachten und wahrnehmen kann. Die aufmerksame, sorgsame Mutter weiß schon von ihrem kaum einige Tage alten Säugling vieles darüber zu sagen, in welcher Form er etwas bevorzugt. Zum Beispiel zieht das eine Kind die Wärme vor, das andere erträgt die Kälte besser. Das eine fröstelt sogar in der Sommerhitze ohne warme Decke, das andere fühlt sich möglicherweise ausgezeichnet bei 20 °C unter einer leichten Decke, unter der warmen Decke dagegen wird es unruhig, beginnt zu schwitzen, bekommt eventuell Ausschläge. Man muss auch darauf kommen, in welcher Lage der Säugling beim Stillen am liebsten und ruhigsten trinkt. Auch beim Baden mag das eine Kind ein wenig mehr Wasser, lustig strampelt es darin, ist zufrieden – das andere Kind ist in ebenso viel Wasser unruhig, klammert sich an die Mutter, fühlt sich sehr unsicher, weil es vom Wasser gehoben wird. Wenn wir dagegen nur halb so viel Wasser in die Wanne schütten, badet es ebenso ruhig und zufrieden wie das andere Kind. Es gibt tausend Kleinigkeiten dieser Art. Endlos könnte man die Aufzählung fortsetzen. Bei jedem Kind ist die Situation anders. All das kann man nicht aus Büchern erlernen, auch das Kind des Nachbarn oder der Freundin kann uns nicht als Beispiel dienen, und kaum die Erinnerung an unsere eigene Kindheit.

Unsere Liebe, unsere Sorgsamkeit soll nicht nur darin bestehen, dass wir immer und um jeden Preis etwas mit dem Kind tun wollen. Das Hin- und Herrennen, die ewige Hast ist keine Sorgsamkeit, bietet kein Sicherheitsgefühl. Um das zu bieten, muss das Kind stetig fühlen, dass unser Tun und Lassen tatsächlich gut für es ist, dass wir ihm helfen, dass wir bemerken, was es beunruhigt oder was es vermisst. Wenn das Kind weint, müssen wir hören, ob dies das übliche, »fällige« Weinen ist, ob es den gewohnten, alltäglichen Schwierigkeiten entstammt oder aber einen konkreten Grund hat, eine mehr oder weniger ungewöhnliche Unannehmlichkeit, der man abhelfen muss. Ich sah schon Mütter, die zu ihrem vor Kälte zitternden, ganz blauen, verzweifelt schreienden Säugling rannten mit dem Aufschrei: »Oh, gewiss langweilt sich das Ärmste«, und das Kind auf den Bauch drehten, auch noch die Decke, mit der es zugedeckt war, von ihm nahmen. – Drückte das enge Höschen, setzten sie das Kind auf. – Wenn ein harter Gegenstand, der durch Nachlässigkeit in sein Bett gelangte, den Säugling drückte, machten sie vielleicht Licht. – Wenn es eine Speise ekelte und es sie ausspuckte, stopften sie diese in seinen Mund, weil es »hungrig« ist. Wenn das Kind ein Spielzeug entsetzt wegstieß, drückten sie es immer wieder in seine Hand, »weil das Ärmste es nicht ergreifen kann« und so weiter. Von früh bis spät waren sie unaufhörlich mit dem Kind beschäftigt. Nur eben das taten sie nicht, was das Kind benötigte. Nur eben dort halfen sie dem Kind nicht, wo es der Hilfe bedürftig war. Sie sahen nicht, sie hörten nicht – sie waren da, aber irgendwie so, als wären sie doch nicht anwesend. Das auf diese Art »versorgte« Kind wird natürlich quengelig, unruhig, wird nicht das Gefühl haben, dass man es sehr liebt, sondern sich immer verlassener fühlen.

Um das Kind unsere Liebe fühlen zu lassen, müssen wir es nicht verwöhnen. Wir müssen es nur kennenlernen, gut beobachten, bemerken, wie und was *ihm* gut und was schlecht für *es* ist. Nur das ist die Grundlage eines gesunden, friedlichen, innigen Verhältnisses zwischen Mutter und Kind. Mehr muss nicht für es getan werden, das Übrige folgt von selbst.

Das Sich-Kennenlernen ist freilich gegenseitig. Während wir das Kind kennenlernen, beginnt auch das Kind uns kennenzulernen, und zwar vor allem unsere Hände. Die Hände bilden die erste Beziehung des Säuglings mit der Welt (außer dem Stillen). Hände heben ihn auf, legen ihn hin, waschen, kleiden, füttern ihn eventuell auch. Welcher Unterschied: Wie anders ist das Bild der Welt, das sich für den Säugling offenbart, wenn ruhige, geduldige, behutsame, aber doch sichere und entschlossene Hände mit ihm umgehen – und wie ganz verschieden gestaltet sich die Welt, wenn diese Hände ungeduldig, derb oder hastig, unruhig und nervös sind. Am Anfang bedeuten für den Säugling die Hände alles, sie sind der Mensch, die Welt. Die Art, wie wir ihn anfassen, aufheben, kleiden: Das sind wir, genauer, charakteristischer als unsere Worte, unser Lächeln, unser Blick. Umsonst versuchen wir unsere Gereiztheit, Ungeduld zu verbergen. Wie freundlich auch immer wir ihn anlächeln, was immer wir zu ihm reden – unsere Hände verraten uns. Nur einen Augenblick blitzt der Gedanke durch unseren Kopf beim Baden: »Ach, wie spät ist es – ich werde mich verspäten«; wir bemerken es kaum, dass unsere Gedanken abschweiften. Das Kind hat es meistens schon empfunden. Es wird verstimmt, quengelig – eine ungeduldige Bewegung, und schon beginnt es zu schreien.

Behandeln wir das Kind nie mechanisch. Behandeln wir es nie wie einen leblosen Gegenstand, wie klein es auch sein mag. Nehmen wir Rücksicht! Zusammen, gemeinsam lösen wir die Aufgaben: die Mutter die ihren, das Kind die seinen.

Anfangs fühlt sich das Neugeborene mehr oder minder unbehaglich während der Pflege. Es mag sie nicht, es weint, möchte Ruhe, Frieden haben, später gewöhnt es sich allmählich an sie, duldet sie. Aber wenn wir schon mit dem Neugeborenen freundlich, geduldig und sorgfältig umgehen, so wird der Säugling an diesen Handlungen immer mehr Freude finden. Gleichzeitig wird er mehr und mehr Vertrauen zu uns haben und immer mehr an unserer Arbeit teilnehmen. Obzwar er mit den Augen blinzelt, das Gesicht verzieht, wenn wir die mit Kamillentee getränkte Watte vorbereiten – er hält dann seinen Kopf doch hin, damit sein Auge oder seine Nase oder gar sein Ohr (oder womit wir es gerade zu tun haben) uns zur Hand sei. Wenn er etwas nicht mag, dann wendet er sich ab oder dreht seinen Kopf weg. Beim Einseifen des Kopfes versucht er schon von vornherein den

Kopf ein wenig zu heben, damit wir unsere Hand darunterschieben können. Er hat schon gelernt, was und in welcher Reihenfolge wir alles zu machen pflegen. Beim Anziehen reicht er schon bald die Hand, beim Abtrocknen einen Fuß nach dem anderen. Später, wenn er sieht, dass wir zum Wickeln oder zum Füttern Vorbereitungen treffen, nähert er sich dem Bettrand, streckt uns beide Arme entgegen – mit seiner ganzen Körperhaltung bereitet er sich zum Aufgenommenwerden vor. Er freut sich, weil nun etwas Angenehmes kommt. Er zeigt auf Gegenstände, andere schiebt er beiseite, je nachdem, ob er sie haben möchte oder nicht, ob sie ihm gefallen oder nicht. Je besser sie einander schon kennen, je mehr sie schon aneinander gewöhnt sind, je besser die Mutter das Kind versteht und je mehr Rücksicht sie auf das Kind nimmt, je mehr sie es in ihre Beschäftigungen mit ihm einbezieht – natürlich im Rahmen der realen Möglichkeiten –, umso aktiver wird das Kind, umso eher wird es seiner Mutter helfen.

Zu dieser Zeit kennt der Säugling freilich schon lange nicht nur unsere Hände, er erkennt das Gesicht, die Stimme der Mutter – sieht er sie nicht, so sucht er sie mit dem Blick –, schaut sie an, lächelt sie liebevoll, freundlich an, kurz: Er hat sie kennengelernt, sich mit ihr befreundet. Er hat sich an sie gewöhnt, sie liebgewonnen. Wickeln, Füttern, Anziehen werden so früher oder später angenehme, genussreiche Momente im Leben des Säuglings. Jetzt freut ihn auch beim Baden nicht nur das warme Wasser, sondern das Zusammensein mit der Mutter, er hilft ihr, nimmt teil an dem, was sie tut, und so wird das Baden der Höhepunkt im täglichen Leben des Säuglings – und nicht auch der Mutter?

Aus alldem folgt: Wenn irgend möglich, soll die Mutter ihr Kind selbst oder vorwiegend selbst pflegen, soll es niemand anderem anvertrauen. Die erste, intimste persönliche Beziehung des Kindes zur Welt – freilich mit Ausnahme des Stillens – ist die zu den pflegenden Händen, zu der Person, die es pflegt.

Und wenn die Mutter ungeschickt, unruhig, unsicher ist? Auch dann soll sie ihren Säugling nicht »aus der Hand« geben: Es ist ihr Kind, mit ihr muss es sich befreunden. Ist sie auch am Anfang ungeschickt, mit der Zeit werden sie sich doch aneinander gewöhnen, einander kennenlernen, sich einander anpassen. Die Mutter wird immer geschickter, immer sicherer, und das Kind wird die Hände der Mutter, trotz ihrer Ungeschicklichkeit, lieber haben als fremde, vielleicht sanftere, sachverständigere Hände. Gewöhnen wir das Kind – weil die Mutter anfangs ungeschickt ist – an fremde Hände, so stellt sich die Beziehung zwischen Mutter und Kind später noch schwerer her: Das Kind gewöhnt sich an die geübten, sachverständigen, fremden Hände, die Mutter bleibt ungeschickt und ungeübt.

Diesbezüglich einige Einzelheiten.

Viele Mütter glauben, dass sie ihr Kind dann gut pflegen, wenn sie alles so schnell als möglich verrichten. »Eins, zwei, drei« und »es ist schon fertig«. Das ist aber nicht gut. Eilen wir uns nie, wenn wir mit dem Säugling zu tun haben. Auch im Tempo unserer Bewegungen müssen wir uns nach dem Kind richten. Die meisten Kleinkinder bevorzugen es, wenn wir gelassen mit ihnen umgehen. Zum Beispiel liebt es das Kind, wenn wir es ruhig, gemächlich baden und ankleiden. Schon deswegen, damit das Vergnügen länger dauert. Die allgemeine Erfahrung ist, dass in den Händen von Müttern die mit umständlicher Langsamkeit sich bewegen, die Säuglinge am friedlichsten und heitersten sind. Der Besucher, der sich einmal das Baden oder Wickeln anschaut, wird meistens ungeduldig, für ihn ist es unverständlich, es stört ihn, macht ihn nervös – diese »furchtbare Langsamkeit«. Er hat das Gefühl, in einem Zehntel der Zeit »könnte man all das erledigen«. Das Kind aber, auch das ungeduldigste, ist vollkommen friedlich, gemütlich genießt es jede Einzelheit. Bei der geschickten, flinken Art einer Pflegerin dagegen sehen wir oft, dass, je schneller das Tempo, umso ungeduldiger, unruhiger das Kind ist; es fordert oft ein noch schnelleres Tempo, noch größere Eile. Es protestiert gegen jede überflüssige Bewegung, bei jeder kleinen Verzögerung fängt es an zu schreien. Das ist verständlich, denn es hat gar keine Freude daran und möchte sobald wie möglich die ganze lästige Prozedur loswerden. Natürlich kommt es nicht nur auf die Geschwindigkeit an, aber offenbar gibt es unter den flinken Händen häufiger hastige, unruhige, ungeduldige als unter den langsamer, umständlicher arbeitenden.

Seien wir nie hastig, wenn wir mit dem Säugling zu tun haben. Oft sah ich solche oder ähnliche Szenen: Die Mutter kommt verspätet und gehetzt zu Hause an. Sie reißt das Kind aus dem Bett, blitzschnell beginnt sie das Wickeln und Stillen. Ein förmlicher Wortschwall ergießt sich über das erschreckte Kind: »Armer Kleiner, natürlich bist du schon hungrig – du hast recht, ich habe mich verspätet! Nächstens werde ich mich mehr eilen, du musst nicht so viel warten« und so weiter. Aber sehr oft hat das Kind die Verspätung gar nicht bemerkt, schlief ruhig oder babbelte vor sich hin, lutschte seinen Finger, ehe die Mutter es plötzlich aufhob. Nicht die Verspätung, sondern die plötzliche, hastige Bewegung, der zu laute, nervöse Wortschwall erschreckte es.

Hasten wir also auch dann nicht, wenn wir uns verspätet haben, wenigstens sobald wir in die Nähe des Kindes kommen. Verschnaufen wir, ziehen wir uns um oder essen wir ruhig etwas, rasten wir einige Minuten – und dann gehen wir, ruhig geworden, zum Kind und beginnen, zum Beispiel das Baden, wie üblich. Es ist besser für das Kind, wenn es das fällige Mahl in ruhiger, heiterer Atmosphäre erhält – sei es auch mit zwanzig bis fünfundzwanzig Minuten Verspätung –, auch wenn es schon vorher zu weinen beginnt (wie oft weint es vor dem Füttern auch ohne Verspätung!), als dass wir, um einige Minuten einzuholen, es hastig und unruhig anrühren. Stundenlange Verspätungen kann man ohnehin nicht einholen, und Verspätungen von zwanzig bis dreißig Minuten, wenn sie hie und da vorkommen, lösen noch nicht die gewohnte Ordnung auf. Natürlich, je unruhiger das Kind ist, je pünktlicher es zur Zeit seiner Mahlzeit zu weinen beginnt, desto mehr müssen wir uns bemühen, dass auch wir die Zeit pünktlich einhalten. Vermeiden wir möglichst das überflüssige Weinen! Aber hasten wir nie, während wir uns mit dem Kind beschäftigen!

Um jedem Missverständnis vorzubeugen, möchte ich betonen: Ich wollte nicht sagen, es wäre besser, den Säugling unregelmäßig, unpünktlich zu versorgen, weil »die Hauptsache die Ruhe« ist. – Wichtig ist die Ruhe, die Gemächlichkeit; doch die Regelmäßigkeit, die Pünktlichkeit, die Folgerichtigkeit ist auf jeden Fall wichtig in allem, was um das Kind herum geschieht. Das Kind fühlt sich nur dann in Sicherheit, es lernt und kann sich nur dann einfügen und anpassen, wenn es in einer gleichmäßigen, geordneten Umgebung lebt. Die Lebensordnung des Säuglings gestalten wir. Doch wenn wir sie einmal gestaltet haben, dürfen wir nicht durch überflüssige Abweichungen das Gewohnte stören. Wenn wir launenhaft, einmal auf diese, dann auf eine andere Weise unsere Obliegenheiten verrichten, kann der Säugling sich nie nach uns richten – dann zwingen wir ihn zur Unbeholfenheit, zur Passivität oder aber – und das wäre noch besser für ihn und ist auch häufiger – zum »Widerstand«. Natürlich muss sich das Kind während seiner Entwicklung immer wieder an neue Dinge gewöhnen. Nicht davon war hier die Rede. Auf überflüssigen Dingen starr zu bestehen wäre ein ebensolcher Fehler wie überflüssigerweise das Bestehende – wie es einem gerade einfällt – zu ändern.

Das Kind erkennt also die Welt zum ersten Mal durch die Hände der Mutter. Die Hände streicheln, kleiden, waschen und so weiter. Doch eine täglich zunehmende Rolle spielen im Leben des Säuglings auch der herrschende Ton und die Sprache der Umgebung. Sprechen wir von Anfang an ruhig, freundlich, verständlich mit dem Kind. Sagen wir ihm immer, was wir von ihm wünschen. Nicht unterrichten, sondern plaudern sollen wir mit ihm. Schon mit dem ganz jungen Säugling, auch mit dem Neugeborenen. Zum Beispiel so: »Jetzt trockne ich dein Bein.« – »Jetzt das andere.« – Oder: »Steck hier deine Hand hinein!« – »Fein.« – »Jetzt die andere Hand! Jetzt drehe ich dich auf den Bauch. Warte kurz, bis ich das Hemd hier hinten zusammengebunden habe.« – »Komm, jetzt kämme ich dich!« und so weiter. Kümmern wir uns nicht darum, ob das Kind die Sprache versteht oder nicht. Binnen Kurzem wird es sie verstehen. Mehr darüber später.

Zusammenfassend: Die Beziehung zwischen dem Säugling und der Mutter entwickelt sich während des Stillens und während der Pflege des Kindes. Nur ein gut versorgter Säugling empfindet es, dass man ihn liebt. Achtet die Mutter nicht darauf, dann ist sie umsonst geschäftig um das Kind herum, es wird sich verlassen und vernachlässigt fühlen.

Wenn irgend möglich, geben wir den Säugling »nicht aus den Händen«, auch dann nicht, wenn wir einen Teil des Tages nicht bei ihm sind. Nützen wir die Zeit, die wir mit ihm verbringen können, gut aus: die Morgenstunden, den Abend, die Feiertage. Wenn wir diese Zeit des »In-die-Hand-Nehmens«, des Kennenlernens, des Befreundens versäumen, können wir das später nicht mehr oder nur schwer nachholen.

3. Das Kind und die Welt

Parallel mit der entsprechenden Gestaltung der Beziehung zwischen Mutter und Kind gestaltet sich die Beziehung des Kindes zur Außenwelt. Wie geschieht das?

Anfangs birgt diese Welt für das Neugeborene – auch wenn vollständige Stille und Ruhe es umgibt – sehr viele Aufgaben. Sich in das neue Leben einfügen, atmen, essen, verdauen, sich an das Licht im Wechsel mit der Finsternis, an die Temperaturunterschiede gewöhnen – all dies sind riesige Aufgaben. Die ersten Wochen sind mit deren Lösung ausgefüllt.

Halten wir das Neugeborene möglichst in Stille und Ruhe. Es hat das sehr nötig. In den ersten Tagen stört es auch das allzu helle Zimmer. Je größere Stille und Ruhe es umgibt, umso friedlicher und leichter gelingt es ihm, sich in die für es anfangs noch so unangenehme und unruhige Welt so einzufügen, dass es sich in ihr sicher und behaglich fühlt. Je weniger Bewegung, Verwirrung und Unruhe es umgibt, umso früher wird es mit sich selbst und seiner Umgebung auf seine eigene Art, langsam und schrittweise Bekanntschaft schließen.

Das Neugeborene wendet seine Aufmerksamkeit nur für Sekunden auf die es umgebenden Gegenstände. Nach Verlauf einiger Wochen verfolgt der Säugling immer ausdauernder die sich bewegenden Gegenstände. Ruhig und lange schaut er alles an. Stundenlang beobachtet er die Lichtflecke, den Schatten der sich bewegenden Blätter der Bäume. Ein farbiger Vorhang fesselt seine Aufmerksamkeit tagelang. All dies schaut er interessiert lange an. Wird er auf eine etwas andere Weise ins Bett gelegt, sucht er mit seinen Augen wieder und wieder das, was vorher sein Interesse erweckt hat. Offensichtlich studiert er seine Umgebung.

Im Alter von etwa sechs bis acht Wochen beginnt der Säugling zu lächeln. Fühlt er sich wohl, lächelt er zum Beispiel nach dem Trinken.*

Nach einigen weiteren Wochen entdeckt der Säugling seine Hand. Vorerst *sieht* er sie nur wie einen von ihm unabhängigen, für ihn fremden, sich bewegenden Gegenstand. Später wird ihm langsam bewusst, dass er selbst es ist, der seine Hände bewegt – bewegen kann. Er kommt darauf, dass seine Hand zu ihm gehört, dass es seine eigene Hand ist. Er nimmt sie quasi in Besitz. Das ist der Beginn einer neuen Periode. Wochen-, vielleicht monatelang wird sein Interesse größtenteils durch seine Hände gefesselt. Mit wunderbarer Langsamkeit bewegt, dreht, beobachtet er sie. Er probiert alle Varianten aus. Er lernt. Stunden verstreichen damit, dass er die Fäuste ballt und wieder öffnet. Am nächsten Tag beschäftigt er sich eventuell mit seinem Daumen. Tagelang probiert er alles. Bewegt jeden Finger einzeln. Dann wieder legt er beide Hände zusammen und bringt sie ganz nahe zu seinen Augen, entfernt sie und schaut sie dann wieder aus der Nähe an. Die Hand gerät in den Mund. Er »lutscht« die Finger. Er wird ungehalten, wenn er seine Hand wieder anschaut und inzwischen aus seinem Mund das, was er gelutscht hatte, verschwindet. Dann nimmt er seine Hand wieder in den Mund und wundert sich, dass sie nicht mehr dort ist, wo er sie vorher sah. Alle diese Zusammenhänge muss der Säugling entdecken, und das ist gar nicht so einfach. Er muss daraufkommen, dass er zwei Hände hat, dass das Lutschen und das Betrachten nur dann gleichzeitig geschehen können, wenn er die eine lutscht und die andere betrachtet.

---

* Die Eltern glauben schon viel früher, dass ihr Kind lächelt. Meistens ist, was sie beobachten, aber nur eine dem Lächeln ähnliche Grimasse. Allerdings erscheint auch diese nur in zufriedenem Zustand.

Halten wir den Säugling möglichst in einem hellen, geräumigen Zimmer oder auf einem Balkon (Garten), wenn er schon zu »schauen« beginnt, wenn er bewegten Gegenständen mit dem Blick zu folgen pflegt. Ändern wir seine Umgebung möglichst nicht sehr. Auch in stabiler Umgebung hat er so viel zu schauen, zu studieren, zu beobachten, dass er damit auf Monate versehen ist. Wenn wir seine Umgebung oft verändern, wird die Welt für den Säugling so kompliziert, dass er sehr oft gar nicht mehr versucht, sich in ihr zu orientieren, es übersteigt seine Kräfte, er empfindet das als zu große Aufgabe. Wenn wir uns auf Spielplätzen umschauen, sehen wir oft Säuglinge, die ihre Hand oder einen Schnuller lutschen und dabei mit starrem, leerem Blick vor sich hin schauen, sei ihre Umgebung noch so bewegt. Sie kümmern sich nicht um die Umgebung. Derselbe Säugling, an einem ihm vertrauten Platz, im Garten oder auf dem Balkon liegend, lutscht vielleicht auch seinen Finger, aber inzwischen schaut er nach rechts, nach links, erforscht die Welt, die in dieser stillen, ruhigen Form für ihn leichter erfassbar ist. Sie ist vertrauter, beruhigender.

Wieder vergehen einige Wochen. Der Säugling entdeckt, während er seine Hand studiert, allmählich, dass er die Gegenstände ergreifen und zu sich holen kann. Er ergreift die Decke, sein Hemd, seine Mütze, alles, was er erreicht. Es beginnt eine neue Periode des Experimentierens und Studierens. Er ergreift etwas und kann es nicht loslassen. Oder es fällt aus seiner Hand, und er kann es nicht aufheben. Es rutscht hinunter, er findet es nicht. Er ergreift sein Hemd und zerrt daran. Nun weiß er nicht, was plötzlich seinen Hals drückt. Schließlich kommt er darauf, dass der Druck aufhört, sobald er das Hemd loslässt. Dies versucht er wieder und wieder. Oft zerrt der Säugling schon in dieser Periode an zusammengebundenen Bändern so lange, bis der Knoten sich löst. Auch mehrfach zusammengebundene Bänder löst er. Anfangs geschieht das alles zufällig. Später übt er aufgrund seiner Erfahrungen diese Bewegungen.

Jetzt ist es Zeit, dass er ein Spielzeug bekommt.

Zur Zeit, da der Säugling alles anzufassen beginnt (noch auf dem Rücken liegend), geben wir ihm etwas, das er leicht anfassen kann.

Zum Beispiel ein farbiges (aber farbechtes!) weiches und reines Baumwolltuch von der Größe etwa einer Windel. Legen wir es neben ihn, dass es für ihn bei der Hand ist. Möglich, dass er wochenlang sich nicht darum kümmert; aber meistens bemerkt er es bald, ergreift es, zerknüllt es, dreht es hin und her, nimmt es in den Mund. Oft kommt es vor, dass der Säugling es über die Augen zieht, und dann erschrickt er, weil er sich plötzlich im Dunkeln findet. Dann – durch die Bewegung der Arme – das erste Mal nur durch Zufall – reißt er es von sich herunter. Da ist er glücklich und lacht auf. Dies wiederholt er immer wieder, spielt damit, probiert es aus. Das inspirierte die Erwachsenen, das Kind das »Guck-Guck-Spiel« zu lehren. Wie viel größer ist aber die Freude des Kindes, wenn es selbst daraufkommt! Und was das Wichtigste ist: Wie viel mehr Wissen über seine Hände und Augen sammelt das Kind, wenn es durch seine eigene Erfahrung zu diesem *Spiel* gelangt und die Erwachsenen seine Partner werden, wenn es also nicht auf Initiative der Erwachsenen nur antwortet und einfach nachahmt, was man ihm gezeigt hat.

Das farbige Tuch hat auch noch andere Vorteile: Es stört den Säugling auch dann nicht, wenn er sich darauflegt oder es auf sich zieht, es fällt nicht leicht hinunter, er findet das Tuch dort, wo er es hingelegt hat. Kurz: Es ist leicht zu handhaben, ohne ihn zu einem für seinen Entwicklungsstand zu großem Kraftaufwand zu nötigen. Auch hat es etwas Freundliches, Vertrautes an sich.

Der Säugling entwickelt sich weiter, er dreht sich auf die Seite. Tagsüber ist nunmehr sein Platz nicht mehr im Bett, sondern im Laufgitter. Er fasst die Gegenstände schon geschickter, geübter an. Jetzt können wir ihm schon das eine oder andere Spielzeug geben, obwohl er in diesem Alter sehr oft mit dem Gitter des Bettchens oder des Laufgitters spielt; etwa eine farbechte Gummifigur, irgendein Tier zum Beispiel, das vier Beine und einen Schwanz hat. Diese Extremitäten kann er leicht anfassen, in den Mund nehmen, gut damit spielen. Diese Tiere rollen nicht weg, zumindest nicht weit.

Geben wir dem Säugling kein Spielzeug, das leicht herunterkollert, solange er im Bett ist. Der Säugling kann nicht aus dem Bett bis zu dem Boden reichen, ist also nicht fähig, die hinausgefallenen Gegenstände aufzuheben. Wir dürfen uns aber auch nicht darauf einrichten, dass, sooft das Kind etwas fallen lässt oder wegwirft, wir immer zu ihm hingehen und den fallen gelassenen oder weggeworfenen Gegenstand aufheben und ihm zurückgeben. Diese ständige Bedienung würde unbedingt seine Aufmerksamkeit vom Spielen ablenken und zu Unselbstständigkeit führen. Diese Schwierigkeiten können wir vermeiden, wenn wir dem Säugling erst dann Spielzeuge, die er leicht fallen lassen kann, geben, wenn er schon im Laufgitter nahe am Boden ist. Da kann er wirklich allein, selbstständig und ohne Hilfe der Erwachsenen spielen.

Drängen wir das Spielzeug dem Kind nicht auf. Drücken wir es nicht in seine Hand, legen wir es einfach im Laufgitter neben es hin. Bemerkt das Kind das Spielzeug, interessiert es sich dafür, so wird es danach greifen. Wenn wir aber sehen, dass ein Spielzeug sein Interesse nicht erweckt, dann schwenken wir es nicht vor ihm, zwingen es ihm nicht – gegen seinen Geschmack und Willen – auf, sondern legen es für eine Weile beiseite.

Spielen wir nie an seiner Stelle. Erwarten wir auch nie, dass das Kind so spielen wird, wie wir es uns vorgestellt haben. Beobachten wir, ob es überhaupt Lust zum Spielen hat, und wenn ja, wie es spielen möchte. Was kann und was möchte es mit dem Spielzeug anfangen? Jedes Kind spielt mit den einzelnen Spielsachen anders. Diese Unterschiede sind manchmal nur gering, jedoch wesentlich.

Überhäufen wir das Kind nicht mit Spielzeug. Wir würden es nur verwirren, wenn wir ihm dutzendweise Puppen, Kugeln, Bälle, Gummitiere und andere Spielsachen zusammentragen. Nie sollen mehr als drei bis vier Spielsachen in seiner Nähe sein. Der Säugling wählt sich meistens ein bis zwei Spielsachen aus, gewinnt sie lieb und hängt lange Zeit, manchmal monatelang an ihnen. Sehen wir, dass er sich gern mit etwas beschäftigt, so geben wir es ihm täglich immer wieder. Bei der Auswahl neuer Spielsachen *versuchen wir den Geschmack und das Interesse des Kindes zu berücksichtigen*. Wir geben ihm nicht Spielsachen, weil *wir* gerne damit spielen würden. Beobachten wir:

Was interessiert das Kind? Und richten wir uns danach. Geben wir ihm Material, damit es seinen Neigungen gemäß neue Erfahrungen erwirbt. Auch hier begehen die Eltern oft Fehler. Zum Beispiel: Ein Säugling spielt glücklich mit einem Gummihund, betrachtet, betastet, zieht, schüttelt ihn – der Gummihund bekommt einen Riss. Das stört das Kind gar nicht, es möchte weiter mit dem Hund experimentieren. Aber die Mutter hatte schon lange den Hund nicht mehr schön gefunden, freut sich, dass er endlich kaputt ist, und kauft einen anderen. Doch für den Säugling ist das Neue nicht unbedingt schöner als das Alte. Das Alte war vertrauter, bekannter. Den alten Hund hätte er noch eine Zeit lang geliebt. In vielen Fällen kauft die Mutter nicht einmal einen neuen Hund, sondern etwas ganz anderes, zum Beispiel eine »schöne« Puppe. Warum? Weil ihr – nämlich der Mutter – die Puppe besser gefällt. »Das Kind ist schon groß genug, warum sollte ich ihm wieder ein schäbiges Gummitier kaufen?!« Nachher ist sie dann beleidigt und traurig, wenn sich das Kind an der Puppe nicht genug freut.

Wieder verstreichen einige Wochen. Stufenweise, Schritt für Schritt und immer besser lernt der Säugling seine Umgebung kennen: die Menschen, Gegenstände und deren verschiedene Eigenschaften, ihre gegenseitigen Beziehungen. Im Lauf seiner Entwicklung greifen seine Hände immer weiter und weiter. Wenn er sich schon auf den Bauch dreht, eröffnet sich eine ganz neue Perspektive vor ihm. In der Regel kann er dann schon die Gegenstände gut ergreifen, und er weiß auch, wie man Gegenstände aus der Hand loslässt. Er schiebt die Spielsachen hin und her, schiebt sie aus dem Laufgitter, dann greift er nach ihnen und zieht sie wieder herein. Nach weit wegliegenden Gegenständen, die er sicher nicht erreichen kann, greift er früher oder später nicht mehr.

Säuglingen, die sich schon auf den Bauch drehen und so das Gelände besser übersehen, können wir auch Laute gebende Spielzeuge, quietschende Gummispielzeuge oder Klappern geben. Zu dieser Zeit nämlich wird sich das Kind wahrscheinlich nicht mehr unversehens darauflegen und erschrecken, wenn das Spielzeug ertönt. Anfangs geben wir dem Säugling nur eines. Achten wir darauf, dass wir das Spielzeug weit genug von ihm hinlegen, damit er sich nicht zufällig darauflegt und es ertönen lässt. Binden wir es nie an das Gitter, legen wir es auch nicht in seine Hände, auch pfeifen und klappern *wir selbst* nie statt seiner. Erlauben wir ihm, dass er es quietschen lässt, damit so klappert, wie *er* es kann, so, wie *er* es will, und *dann*, wann es *ihm* gefällt.

Wenn der Säugling sich schon gut rollt, auf dem Bauch oder auf allen vieren kriecht, also im Laufgitter, auf dem Boden seinen Platz leicht wechselt, können wir ihm schon rollende Spielzeuge, kleinere oder größere Bälle, rollende Scheiben und Ähnliches geben. Aber nur, wenn diese nicht irgendwohin rollen können, wohin er ihnen nicht folgen kann. Ist er zum Beispiel im Laufgitter, geben wir ihm nur Bälle, die größer sind als die Entfernung der Gitterstäbe voneinander.

Glauben wir jedoch nicht, dass Spielzeug für ihn nur das ist, was man im Spielzeugladen kaufen kann. In diesem Alter sind leere Schachteln, alte Bürsten, kleine Kochtöpfe und Ähnliches Lieblingsspielsachen für den Säugling. Wir können alles Mögliche geben, das nicht so klein ist, dass er es schlucken könnte, auch nicht so groß oder schwer, dass es ihn verletzten könnte. Es kommt vor, dass das Kind nach jedem Schuhwerk seine Hand ausstreckt; geben wir ihm ein Paar kleine Hausschuhe, aber saubere! Andere Kinder öffnen und schließen leidenschaftlich alles, was ihnen zugänglich ist und sich dazu eignet. Geben wir ihnen kleine Dosen aus Holz oder Pappschachteln, die sie schließen und öffnen können.

Legt das Kind schon öfters Gegenstände in Reihen nebeneinander, so ist die Zeit für farbige Würfel gekommen. Erwarten wir aber nicht, dass es mit den Würfeln gleich bauen wird. Zeigen wir das dem Kind auch nicht, bauen wir nicht an seiner Stelle. Der Säugling baut in der Regel nicht. Es dauert lange Zeit, bis er so weit ist. Hingegen erfindet er tausend interessante, für uns oft ganz neue Formen des Spielens. Er schiebt, wirft, legt die Würfel in Haufen, dreht sie. Dabei lernt er die Würfel so gründlich kennen, dass er schließlich auch zu bauen beginnt, doch bis dahin können viele Monate verstreichen. Dauert ja selbst die Periode des Werfens der Spielsachen Monate, wobei er werfen lernt und Entfernungen abzuschätzen beginnt und so weiter. In dieser Periode wirft er freilich auch die Würfel nur herum und baut noch nicht mit ihnen.

Das im Zimmer sich frei bewegende Kind, das schon stehen und gehen kann, macht schon Bekanntschaft auch mit größeren Gegenständen: mit Tischen, Stühlen, Wänden, Türen. Es probiert aus, wie hohe Gegenstände es noch hinaufklettern kann, um etwas zu erreichen; was steht fest, was fällt leicht um, was ist weich, was hart und so weiter. Das Kind lernt die Natur der Gegenstände, der verschiedenen Materialien kennen. Es erfährt, wozu dieses oder jenes dient und wie man damit umgeht. Es lernt Entfernungen abzuschätzen. Zahlreiche Dinge erregen sein Interesse.

Wesentlich ist, dass das Kind möglichst viele Dinge selbst entdeckt. Wenn wir ihm bei der Lösung aller Aufgaben behilflich sind, berauben wir es gerade dessen, was für seine geistige Entwicklung das Wichtigste ist. Ein Kind, das durch selbstständige Experimente etwas erreicht, erwirbt ein ganz andersartiges Wissen als eines, dem die Lösung fertig geboten wird.

Ich möchte das mit einem Beispiel illustrieren.

Eines Tages schiebt das Kind einen kleinen Schemel zur Tür des Zimmers, in dem es spielt, klettert darauf, um die Klinke zu erreichen, und öffnet die Tür. Bedenken wir: Was alles musste es beobachten, erproben und lernen, bis es so weit kam! Das Kind bemerkt bald, dass Leute durch die Tür aus und ein gehen. Das interessiert es natürlich sehr. Sobald es frei auf dem Boden herumkriechen kann, kriecht es zur Tür, fasst sie an, betastet sie, kratzt an ihr. Die Tür bewegt sich nicht. Einmal findet sie das Kind doch offen. Es ergreift sie am Rand und beginnt sie hin- und herzuschwingen. Die Tür bewegt sich in einem Kreisbogen. Anders, als wohin es sie schiebt oder zieht. Oft entschlüpft sie seinen Händen. Einmal gibt es ihr einen so starken Schwung, dass die Tür einschnappt und es sich umsonst bemüht, sie wieder in Bewegung zu bringen. Langsam, allmählich kommt das Kind darauf, dass irgendwo ein Spalt sein muss, um die Tür in Bewegung zu bringen. Später versucht es die Tür nur mehr dann zu bewegen, wenn es den Spalt sieht, also es lernt genau zu unterscheiden, ob die Tür offen oder geschlossen ist. Wir können oft beobachten, dass, sobald wir einen ganz kleinen Spalt offen lassen, das Kind hinkriecht, der Tür einen Stoß gibt, um in den benachbarten Raum kriechen zu können. Wenn es einmal drüben ist, schließt es sogar die Tür mit einem Stoß hinter sich, um nicht zurückkehren zu können. Schwieriger ist die Aufgabe, wenn die Tür sich nach innen öffnet. Das Kind nähert sich der Tür, ergreift bei der Spalte ihren Rand und zieht die Tür zu sich, es geht aber nicht, denn es selbst ist der Tür im Wege. Es braucht Zeit, bis das Kind daraufkommt, dass es diese Tür nur öffnen kann, wenn es ausweicht in die Richtung des Türpfostens und so ihren Rand ergreift. Recht vieles probiert es noch aus mit der Tür, bevor es an der Klinke zu experimentieren anfängt. Dazu muss es schon knien oder stehen können. Am Anfang erreicht es sie auch so kaum. Es reckt sich, klammert sich an die Tür. Wochen, Monate verstreichen, bis es findet, dass es die Klinke eher erreicht, wenn es auf etwas hinaufklettert, und erst ein Entwicklungsgang von mehreren Monaten führt dazu, dass es fähig wird, den Schemel oder einen kleinen Stuhl oder ein Kissen zu ergreifen und diese hinzuschieben oder hinzutragen – von einem Platz zum anderen –, und zwar nicht zu einem beliebigen, sondern genau zu der Stelle, die es sich vorher ausgewählt hatte. Schon dazu ist eine ganz selbstständige Überlegung, Planung und Fähigkeit notwendig … Nun erreicht das Kind schon die Klinke, die neue Frage ist: Wo muss man sie niederdrücken und wie? Lehnt es sich mit dem ganzen Körper an die Tür, wenn es die Klinke niederdrückt, dann gibt die Tür plötzlich nach. Da muss es aufpassen, dass es nicht vom Schemel in das andere Zimmer hineinfällt. Öffnet sich die Tür einwärts, muss das Kind entdecken, dass es den Schemel oder das Kissen nicht ganz eng an die Tür stellen darf, sonst drückt es umsonst die Klinke, die Tür wird sich nicht rühren. Auch muss das Kind lernen, erst einmal nur einen ganz kleinen Spalt zu öffnen, dann vom Schemel zu klettern, ihn aus dem Weg zu schieben und erst dann die

Tür zu öffnen. Wie viel Geduld erfordert es, alle diese Aufgaben zu lösen. Die richtige Lösung ist das Resultat einer langwierigen, aufmerksamen, mühsamen, aber doch genussreichen Forschungsarbeit. Grenzenlose Freude und Stolz erfüllen das Kind, wenn es allein, ohne Hilfe zur Lösung gelangt.

Freilich kommt das kleine Kind nicht auf alles allein. In vielem ahmt es uns einfach nach. Es beobachtet die Erwachsenen, schaut, was und wie sie es machen, wie sie umhergehen, sich setzen, aufstehen und so weiter, wie sie mit den Gegenständen, Werkzeugen, Möbeln und so weiter umgehen, wie sie verschiedene Dinge anfassen, hinlegen, herumtragen. Das Kind richtet sich unwillkürlich danach, was sich vor seinen Augen täglich abspielt. Aber beim Selbst-Probieren gibt es auch dann noch viel zu lernen. Unsere Aufgabe ist, das Kind so viel als möglich allein ausprobieren zu lassen. Das wirklich wertvolle Wissen, welches das Kind und später der Erwachsene im Leben gut gebrauchen kann, ist das, was es selbst ausprobiert, erarbeitet hat.

Lassen wir also dem Kleinkind die Freiheit, mit seiner eigenen Methode und seiner Entwicklung gemäß seine Umwelt zu erfahren. Drängen wir es nicht, ermutigen wir es nicht zu Leistungen, für die es noch nicht reif ist, und wenn ihm etwas gelingt, loben wir es auch nicht übertrieben. Würdigen wir eher die erreichten Ergebnisse, und nicht nur mit lobenden Worten, sondern auch in unserem Verhalten.

Zum Beispiel gelingt es dem Kleinkind irgendwie nach langem und ausdauerndem Versuchen, einen Schuh auszuziehen. Dies ist freilich ein bedeutendes Ereignis – zumindest von seinem Gesichtspunkt. Wir dürfen dies nicht heftig missbilligen, das Kind aber auch nicht mit bewundernswertem Lob überhäufen. Sagen wir ihm unsere Meinung ruhig und freundlich, etwa: »Was ist dir da gelungen? Hast du deinen Schuh ausgezogen? Komm, ich zieh ihn dir wieder an, weil du barfüßig frieren wirst.« Und wenn wir sehen, dass der Schuh nicht nur einmal und nicht nur zufällig während des Spielens von seinem Fuß herunterkommt, dass es »Schuhausziehen« spielt, dann zeigen wir unsere Anerkennung dadurch, dass wir es abends beim Ausziehen auffordern, seine Schuhe selbst auszuziehen. Freilich müssen wir abwarten, bis ihm das gelingt, wie lange es auch am Anfang dauern mag. Anfangs können wir seine Schuhe ein- bis zweimal aufschnüren, wir bitten das Kind, wir führen es darauf, was wir von ihm wollen. Wenn wir die von ihm erreichten Ergebnisse anerkennen und ihm *das zu tun überlassen, was es schon erledigen kann, verschaffen wir ihm die größte Freude und fördern auch seine geistige Entwicklung und die seiner Selbstständigkeit.*

4. Was und wie spielen wir mit dem Kind?

Dürfen wir nie mit unserem Kind spielen? Immer nur mit Gegenständen soll das Kind spielen und sich beschäftigen? Sollen wir mit ihm außer bei der Pflege nie zusammen sein? Nur »kennenlernen« – »versorgen« – »uns mit ihm befreunden« – »aber spielen nie«?

In den ersten Wochen spielen wir nicht mit dem Säugling. Wir würden ihn nur verwirren, nur aus der gewohnten Ordnung bringen, ihm erschweren, dass er sich eingewöhnt. Warten wir mit Geduld ab, bis der Säugling selbst mit uns zu spielen beginnt.

Sollen wir ihm nicht Spiele lehren? Wie wird er dann wissen, wie man spielt?

Das Spielen, die Lust zum Spielen ist ebenso eine Veranlagung jedes Kindes wie zum Beispiel die Bereitschaft, sich zu bewegen. Ebenso wie der Säugling mit seinen eigenen Gliedern, Händen, Fingern sich zu beschäftigen, zu spielen anfängt und wie er von sich aus anfängt, mit den in seine Hände gelangenden Gegenständen zu spielen, so würde jeder Säugling früher oder später auch mit den ihn umgebenden Menschen spielen, würden die Erwachsenen ihn verstehen und seine Annäherung nicht zurückweisen. Das Kind aber beginnt nicht mit den uns bekannten »fertigen« Spielen, sondern erfindet immer neue und solche Spiele, die seinem jeweiligen Interessenkreis und seiner geistigen Entwicklung entsprechen.

Wann und was pflegen die Säuglinge mit uns zu spielen?
Manchmal beginnt schon der Säugling von vier bis fünf Monaten mit uns zu spielen. Sehr häufig kommt es zum Beispiel vor, dass wenn wir ihn beim Ankleiden auf den Bauch drehen, er einen Augenblick ruhig bleibt, dann zu lachen beginnt und sich zurückdreht auf den Rücken. Oder: Beim Ankleiden legt man das Hemd eine Sekunde lang über sein Gesicht – er lacht und reißt es glücklich herunter. Später: Wir waschen seine Hand, verlangen dann die andere und lachend streckt er wieder die schon gewaschene Hand hin. Oder: Eine Zeit lang duldet er ruhig das Wickeln, als würde er darauf gar nicht achten, um im letzten Moment sich lachend die Windeln wegzustrampeln, sodass wir das Ganze von Neuem anfangen können. Der Säugling tut dies, um zu spielen, und nicht, weil er nicht angezogen werden will. Er lacht dabei, und wenn wir ihn freundlich bitten und ermuntern und wir *geduldig* genug sind, wird er sich früher oder später von selbst entschließen und darauf verzichten, und wir können ihn in Ruhe und Frieden anziehen.

Charakteristisch ist etwas später das folgende »Spiel«: Der Säugling hält seine Hand vor die Augen, dann nimmt er sie weg und lacht, wenn er uns wieder erblickt. Er zieht ein Tuch oder eine Windel über die Augen und spielt so mit uns »Verstecken«. Das muss man ihm nicht beibringen, jeder Säugling kommt selbst darauf. Ebenso lernt jeder Säugling von selbst das Klatschen, nur viel später, als es die Erwachsenen erwarten. Die Zeit verstreicht – neue Spiele folgen: Kommt die Mutter, um ihn aufzunehmen, rollt er lachend auf die andere Seite des Bettes oder des Laufgitters. Dann, auf eine freundliche Zurede, rollt oder kriecht er glücklich und laut lachend rasch zurück zu seiner Mutter.

Diese Gelegenheiten zum Spielen bieten sich anfangs natürlich meistens im Zusammenhang mit der Pflege des Kindes (Trockenlegen, Baden, Stillen, Füttern). Das Kind spielt immer mehr, möchte noch mehr spielen. Es verlängert die Zeitdauer des Badens, des Ankleidens und so weiter mit Spielen. Lassen wir das nicht endlos zu. Haben wir doch meistens auch nicht die Möglichkeit dazu, nicht genügend freie Zeit zu alldem: Den ganzen Tag können wir nicht dem Kind zur Verfügung stehen. Es ist auch nicht richtig, das Baden, das Anziehen und das Füttern zum Spiel zu machen. Gehen wir lieber zum Beispiel am Nachmittag ein bisschen früher zum Kind und verbringen wir eine kleine Weile mit ihm, bevor wir seine Pflege beginnen. Lassen wir das Kind auch in der gemeinsamen Spielzeit auf seine eigene Art, wie es ihm beliebt, spielen, sich mit uns befreunden. Zugleich setzen wir die Zeit der Pflege unauffällig auf die normale, gewohnte Zeitdauer herab. Eilen wir nicht (davon war schon die Rede), doch halten wir uns daran, dass das Baden, Füttern und so weiter nicht länger dauert, als es notwendig ist. Versuchen wir unsere Tätigkeit so einzuteilen, dass das Kind uns in allem behilflich ist. Es soll uns gewissermaßen beim Aus- und Anziehen wie beim Baden an die Hand gehen und eben in dieser Tätigkeit seine Freude finden.

Wenn wir uns darauf einrichten, jeden Tag eine gewisse Zeit außer der Pflege mit dem Kind zu spielen, soll das nicht unmittelbar nach seinem Essen sein. Sonst unterbrechen wir nämlich das Zusammensein, je nachdem *wir* Zeit und Lust dazu haben, also auf eine für das Kind unbegreifliche, unbegründete Weise. Wenn wir unser Zusammensein immer so beenden, dass dies für das Kind unerwartet, plötzlich ist, wird es früher oder später während der ganzen Zeit, die es mit uns verbringt, von Unruhe erfüllt sein und in jedem Augenblick befürchten, mitten im gemeinsamen Spiel allein zu bleiben. Es ist ratsamer, sich mit dem Kind immer nur so zu beschäftigen, dass jedes Zusammensein einen auch für das Kind natürlichen Abschluss findet: Essen, Baden, Spazierengehen. Das Niederlegen ist kein entsprechender Abschluss, denn wenn wir unmittelbar vor dem Schlafengehen mit dem Kind spielen, wird es – vom Spielen erregt – ungern sich niederlegen und schwerer einschlafen.

Spielen wir mit dem Kind möglichst immer zum selben Zeitpunkt, solange wir es ihm nicht erklären können, wann und warum wir die Zeit für es haben oder nicht. Es soll nicht tagsüber fortwährend, mit überflüssiger Unruhe erwarten, wann die Mutter Zeit haben wird, mit ihm zu spielen.

Zu der Zeit, wenn gemeinsame Spiele aktuell werden, kriecht das Kind meistens schon am Boden. Wenn es sich schon frei fortbewegt, tauchen viele neue Spielmöglichkeiten auf. Die meisten Kinder beginnen mit dem »Bitte-Danke-Spiel«: Sie tragen einen Gegenstand zur Mutter oder zu einer im selben Zimmer sich befindenden erwachsenen Person, überreichen ihn ihr (»bitte«), dann bitten sie darum, bekommen ihn (»danke«), dann tragen sie ihn weg, bringen ihn wieder, tragen ihn wieder weg und würden dies stundenlang unermüdlich fortsetzen, allemal mit demselben großen Vergnügen. Oder: Das Kind packt den Schoß der Mutter mit den verschiedensten Dingen voll, Spielsachen, Werkzeuge; dann bittet es um jedes einzelne und trägt es zurück an seinen Platz, um es wiederzubringen. Später klettert es in den Schoß der Mutter und rutscht herunter. Dann spielt es »Verstecken«. Dieses »Verstecken« bedeutet anfangs nur, dass es sich abwendet und meint, niemand sehe es. Oder es verdeckt nur seine Augen mit der Hand. Später läuft es einfach fort und kommt wieder zurück. Noch später »versteckt« es sich beim »Guck-wo-bist-du«-Spiel in eine Zimmerecke oder hinter Möbeln.

Die Kinder erfinden laufend neue Spiele. Jedes Kind andere und auf seine Weise. Die Kinder sind unerschöpflich in Einfällen und Findigkeiten, aber sie »spielen« im Allgemeinen auf eine viel einfachere Art, als was wir Erwachsene überhaupt mit »Spiel« bezeichnen würden. Daher sind Spiele, welche wir erfinden und ihnen zeigen, meistens für sie zu kompliziert, zu schwierig und beunruhigend und in der Regel nicht ihrem geistigen Niveau angemessen. Wenn wir Erwachsene dem Kind unsere Spiele zeigen, es zur Nachahmung anhalten, bringen wir es um das, was für es das Wertvollste, das Wunderbarste beim Spiel ist: die Freude, neue Entdeckungen zu machen; wir nehmen ihm die Möglichkeit, selbstständig, nach eigener Initiative zu handeln, die Welt besser kennenzulernen.

Ich weiß, dass es den Eltern oft schwerfällt, an dem »Spielen« mit dem Kind unter diesen Bedingungen Vergnügen zu finden. Diese Art »Spiel« ist für sie oft ein wenig langweilig. Achten wir darauf, wie groß das Vergnügen ist, das diese kleinen Spiele dem Kind bereiten, mit welchem Interesse, welcher Hingabe es diese betreibt, dann wird uns das Spiel gewiss nicht langweilen und ungeduldig machen, auch wir werden Vergnügen daran finden und uns mitfreuen. Es ist der Mühe wert, über die Spiele des Kindes Tagebuch zu führen und dieses von Zeit zu Zeit durchzublättern, dabei wird uns die schnelle Entwicklung des Kindes erst auffallen. Spielen wir aber keinesfalls mit dem Kind, wenn wir nervös sind, wenn es uns langweilt und ermüdet. Spielen wir mit dem Kind nicht bloß, um eine Pflicht zu erfüllen. Wenn wir gerade nur »unsere Pflicht erfüllen«, wenn das Zusammensein uns keine Freude bereitet, dann wird das Kind das früher oder später fühlen und unruhig werden. Beginnen wir aber auch kein neues Spiel, warten wir ab, bis das Kind von selbst genug hat.

Achten wir auch darauf, dass wir das Kind nicht zu sehr aufregen, wenn wir mit ihm spielen. Unser Ziel ist nicht, es unruhiger zu machen, im Gegenteil, wir möchten, dass es durch das Spiel ruhiger, zufriedener und glücklicher wird.

Leider spielen die meisten Eltern nicht auf diese Weise mit dem Kleinkind. Wenn sie auch am Anfang das Kind spielen lassen, wie es möchte, wird allmählich die Mutter oder der Vater – ohne es zu merken – vom Spielen ebenfalls mitgerissen und beginnt früher oder später, das Kind zu stören, da es anders, auf seine eigene Art am Spiel teilnehmen möchte. Die Mutter baut einen Turm für das Kind. – Dem Interessenkreis und Entwicklungsgrad des Kindes passt aber das Umherwerfen oder das Hin- und Herrücken der Würfel vorläufig besser als das Turmbauen. Das Kind möchte selbst spielen – es mag nicht bloß Zuschauer sein. Die Eltern aber wollen davon nichts wissen, und im Eifer des Spieles, außer sich geraten und beleidigt, schieben sie die Hand des Kindes weg, wenn es mit den Würfeln nicht bauen, sondern umherwerfen will.

Auch während des Spielens dürfen die Eltern nicht vergessen, dass sie nicht nur Spielgefährten ihrer Kinder sind, sondern auch Eltern. Balgen wir uns nicht wild mit den Kindern, kitzeln wir sie nicht, raufen wir nicht mit ihnen, stoßen, drücken wir sie nicht. Überlassen wir dieses Spiel den Kindern, wenn sie untereinander spielen. Wenn die Kinder dies *untereinander* machen, verbieten wir es ihnen nicht. Selbst aber nehmen wir nicht teil an solchem Treiben. Das Kind soll fühlen – auch während wir mit ihm spielen –, dass die Eltern keine mit ihm gleichwertigen Spielgefährten sind, sondern Menschen, die es lieben, für es sorgen und auf die es sich in allen Fragen seines Lebens verlassen kann. Die zu heftigen, zu aufregenden Spiele stören früher oder später die richtige Beziehung zwischen Eltern und Kind, stören die Ruhe des Kindes und gefährden sein Sicherheitsgefühl.

Spielen wir mit dem Kind nicht etwas, was wir später verbieten müssen. Kleinkinder zum Beispiel schlagen ihre Mütter und diese lachen darüber und freuen sich. Aber wie lange? Die Freude dauert nur, solange das Kind klein ist. Irgendwann wird die Mutter ungeduldig und protestiert: »Was, du traust dich, die Mutter zu schlagen?!« – Das Kind kann freilich nicht verstehen, warum die Mutter von einem Tag zum anderen sich verändert hat, es versteht nicht, warum heute »nicht erlaubt ist«, was gestern noch erlaubt war, und wird misstrauisch gegen die Eltern. Je später die Mutter solchen Spielen ein Ende macht, desto schlimmer, desto schwerer entfaltet sich eine gesunde, gute Beziehung zwischen Mutter und Kind. Zu ähnlichen Spielen gehört das Haarziehen, das Zwicken, das »Eia-Eia« genannte Kratzen. Anfangs genügt eine Gebärde, es genügt, wenn die Mutter die Hand des Kindes sanft von ihrem Gesicht wegschiebt. Es genügt, dass sie, anstatt zu lachen, ein wenig ernst wird, wenn das Kind sie schlägt. Das Kind hört dann sofort mit solchen Versuchen auf. Freut es sich doch nur dann am Spiel, wenn die Mutter gut gelaunt ist, wenn sie lacht, wenn sie eingeht auf das Spiel. Später, wenn das Kind sich schon daran gewöhnt hat und empfindet, dass es ein Recht zu diesem Spiel hat, will es dies spielen, und mit Recht, war es doch gerade die Mutter, die es mit ihm spielte. Wozu diese Art Spiele also erst anfangen? Gibt doch das Kind Anregung zu so viel anderem, aus dem später echte Spiele werden könnten! Dinge, die, falls es sie erlernt, ihm später keinen Verlust, sondern Gewinn bringen.

Oft beklagen sich die Mütter, dass das Spielen die Kinder aus der Fassung bringt. »Seitdem ich mit ihm spiele, ist das Kind unruhig, grandig«. – »Es will nicht mehr allein bleiben«. – Dies ist keine natürliche Begleiterscheinung des gemeinsamen Spiels. Möglicherweise lag der Fehler am Spiel. Es war zu heftig, zu leidenschaftlich, zu aufregend für das Kind. Oder aber das Verhältnis zwischen beiden war schon früher nicht gut. Wenn das Kind sich derart ändert, müssen wir die Ursache der Schwierigkeiten suchen. Überlassen wir die Lösung nicht der Zeit. Das Abwarten löst da gar nichts, im Gegenteil: Je größer das Kind wird, desto größer wird in der Regel auch das Übel. Aber überlassen wir auch nicht einer fremden Hand die Erledigung der aufgetauchten Fragen. Geben wir also das Kind nicht anderswohin, nicht zu einer fremden Familie oder innerhalb der eigenen Familie in die Hand anderer. Wenn wir uns mit eigenem Instinkt und Gefühl nicht zurechtfinden, fragen wir um Rat, doch versuchen wir selbst – ob dem Rat anderer folgend oder nicht –, den Weg zur Lösung zu finden. Lernen wir das Kind gründlich kennen, beobachten wir es, versuchen wir seine Lage zu verstehen und mitzufühlen – und wir werden den zu ihm führenden Weg gewiss finden: den Weg, der zum friedlichen Zusammenleben und zur Ruhe führt. Vergessen wir nicht, dass für das Kind die Mutter die erste und tiefste, für sein ganzes Leben unvergängliche Beziehung bedeutet. Die Beziehung des Kindes zur Mutter ist der erste Schritt zur menschlichen Gesellschaft, in die soziale Gemeinschaft, und ihre Entfaltung ist entscheidend für die ganze spätere individuelle und soziale Entwicklung des Kindes.

Zusammenfassend: Jede Mutter soll womöglich Zeit finden, mit ihrem Kleinkind zu spielen. Aber spielen mit dem Kind darf man erst dann, wenn es dazu reif genug ist. Nicht die Mutter soll das Spiel beginnen, sie soll die Initiative dem Kind überlassen. Während des Spielens dürfen wir nicht vergessen, dass die Mutter nicht nur Spielgefährte des Kindes ist. Man darf nicht Spiele einführen, die die Beziehung zwischen Mutter und Kind zerstören oder verderben könnten. Es darf uns nicht verstimmen, wenn die Sache nicht glatt, reibungslos vor sich geht. Man muss die Ursache der Schwierigkeiten ermitteln, versuchen, dem Übel abzuhelfen, und zwar so bald als möglich, denn je kleiner das Kind, desto leichter ist es, die Beziehung zwischen Mutter und Kind wieder aufs gute Geleise zu bringen. Von Anfang an müssen wir uns bemühen, die richtige Beziehung herzustellen. Was am Anfang geschieht, ist oft fürs ganze Leben ausschlaggebend, für die spätere Beziehung zueinander und damit auch für die spätere Beziehung des Kindes zu den Menschen überhaupt.

5. Einige Worte zum Erlernen der Sprache

Von der Sprachentwicklung rede ich hier deshalb gesondert, weil sie nicht parallel mit der geistigen Entwicklung des Kindes vor sich geht. Es gibt Kinder, die früh, schon im Alter von einem bis eineinhalb Jahren sprechen, andere beginnen erst im Alter von zweieinhalb bis drei Jahren. Dies ist beinahe ganz unabhängig davon, wie sie auf anderen Gebieten sich entwickeln. Die Sprachfertigkeit ist eine individuelle Fähigkeit und steht nicht unbedingt im Zusammenhang mit der »Verständigkeit« des Kindes.

Verhältnismäßig früh, im Alter von sechs bis acht Wochen, beginnt der Säugling zu lallen, meistens mit »gö-gö«. Er probiert das tagelang. Dann, als würde er systematisch Phonetik lernen, versucht er die Lautbildung an verschiedenen Punkten des Mundes. Er versucht Kehl-, Zungen- und Lippenlaute. Er bildet fortwährend neue Laute. Täglich unterhält er sich damit stundenlang. Er ordnet die schon bekannten Laute einander zu, wie kostbare Perlen.

Später »redet« er fast ständig, manchmal leise, manchmal lauter. Das Spielen begleitet er mit »Gespräch«, Lallen, Babbeln. Schon wiederholt er nicht nur einzelne Laute, sondern er sagt ganze Silben (»da-da«, »ba-ga«, »gö-ga-la« etwa). Er spricht zu Farben, zu Gegenständen, zu seiner Hand. Gelingt etwas gut, dann jauchzt er dazwischen laut oder lacht auf.

Wie er die Laute zu »Worten« zusammensetzt, so verbindet er später diese »Worte« zu ganzen »Sätzen« – manchmal sagt er ganze »Monologe« vor sich in seiner unverständlichen und sinnlosen »Babbelsprache«. Interessanterweise enthält diese Babbelsprache schon viele Eigenschaften der in der Umgebung des Kindes gesprochenen Sprache. Es ist aber in Wirklichkeit noch keine Sprache, noch kein Ausdruck von Gedanken. Das Kind bemüht sich nur, den Klang, die Betonung, die Melodie der Sprache der Erwachsenen nachzuahmen. Die Nachahmung gelingt manchmal erstaunlich – ist manchmal aber auch ganz irreführend. Lauschen wir diesen Monologen von dem benachbarten Zimmer durch geschlossene Türen, haben wir oft den Eindruck, dass das Kind ganz vernünftig, fließend redet, mit konversierender, plaudernder oder erklärender Betonung, wie es das bei den Erwachsenen beobachtet hat.*

Das Kind versteht aber viel von der Rede der Erwachsenen schon in der Zeit, in der es vorerst nur den Klang der Sprache nachahmt. Es schaut auf den Tisch, wenn Erwachsene davon reden. Es sucht sein Essen, wenn sie es erwähnen; versteht Verbote. Zwar benimmt es sich oft – wenn es zu etwas keine Lust hat –, als würde es nicht verstehen, was wir ihm sagen. Nach sehr kurzer Zeit probiert es selbst, sinnvolle Worte zu formen, versucht selbst, die bekannten Personen, Gegenstände, Handlungen mit Worten zu bezeichnen. Anfangs ist das schon schwer, und es bezeichnet das Wort eventuell nur mit je einer Silbe, einem Anfangston: »ma«, »pa«, wenn es Mama oder Papa anredet, »e« wenn es sein Essen erblickt und sich zum Essen vorbereitet, »n«, »n«, »n« wiederholt es und dreht seinen Kopf weg für »nein«, wenn es zu etwas keine Lust hat. Dabei bereichert sich auch die Babbelsprache mit den Worten, die es schon aussprechen kann. Es spielt auch mit diesen, es wiederholt sie, freut sich, wenn es ihm gelingt, sie auszusprechen.

Das Sprechenlernen geht natürlich nicht bei jedem Kind mit gleicher Leichtigkeit vor sich. Manche formen Worte leicht – leicht und

* Die Nachahmung ist manchmal derart lebensgetreu, dass die Erwachsenen tatsächlich getäuscht werden. Ich war einige Male Zeuge solcher oder ähnlicher Szenen: Der »Onkel« spricht das anderthalb bis zweijährige Kind an: »Wie geht es dir?« – »Wie heißt du?« – oder mit einer ähnlichen, ein wenig überheblichen Frage. Das Kind antwortet mit verständiger, erklärender Betonung, eventuell von dazu passenden Handbewegungen begleitet. Der »Onkel« ist verwirrt, versteht kein Wort von alldem, kann natürlich auch nichts verstehen, weil das Ganze überhaupt keinen Sinn hat. Wie gesagt, das Kind ahmt nur den Klang, die Musik der Sprache nach.

früh fangen sie an zu sprechen –, und es gibt ebenso kluge oder noch klügere Kinder, die dazu weniger veranlagt sind und später zu sprechen anfangen, bei denen die Babbelsprachperiode länger dauert (sie machen sich längere Zeit hindurch mit Zeigen verständlich).

Es hängt nicht nur von der Begabung, von der Fertigkeit ab, wann das Kind zu sprechen beginnt. Das Kind lernt das Sprechen von uns. Um die Sprache zu verstehen, um mit Sprechen zu beginnen, muss es die Erwachsenen sprechen hören. Daran fehlt es im Allgemeinen nicht … Aber es genügt nicht, das Sprechen bloß zu hören, bloß vor ihm miteinander zu sprechen. Wir müssen auch mit ihm sprechen, damit es auf den Sinn der Sprache aufmerksam wird. Sprechen wir mit dem Kind von Geburt an, erzählen wir ihm etwas, anstatt nur zu babbeln und liebkosende Worte zu sagen … Von Geburt an sagen wir dem Säugling, was wir mit ihm tun, was wir von ihm erwarten, was jetzt folgen wird, als würden wir laut denken. Immer wenn wir mit ihm sind, ihn aufnehmen, baden, zum Stillen vorbereiten oder ins Freie bringen und so weiter, fordern wir ihn auf, was wir von ihm erwarten. Zwar versteht er anfangs von alldem gar nichts, doch achtet er von Anfang an mit Freude auf uns, wenn wir zu ihm sprechen. Er beobachtet unsere Laute, unsere Mundbewegungen. Später, wenn er immer wieder dieselben Laute, dasselbe Wort im Zusammenhang mit demselben Gegenstand, mit derselben Bewegung oder mit demselben Geschehen zusammen hört, verbindet er das, was er sieht und erfährt, mit dem, was er dabei hört … er beginnt zu verstehen, was wir sagen. Dieser Weg führt zum Sprechenlernen.

Doch damit der Säugling sich bemüht, Worte selbst zu formen, ist noch etwas notwendig: Es muss der Mitteilungswunsch dazukommen. Je besser die Beziehung des Säuglings zu seiner Umgebung ist, je früher seine Eltern auf seine Laute reagieren, seine primitiven Worte verstehen, je öfter er erfährt, dass man seinen – wenn auch nur mit Anfangssilben angezeigten – Wünschen Beachtung schenkt (er erhält die Lisl-Puppe, die er mit der Silbe »Li« bezeichnet; man unterlässt eine Handlung, wenn er mit der Silbe »ne« [nein] protestiert und so weiter, natürlich nur innerhalb der Grenzen der Ordnung und der

Möglichkeiten), desto mehr Lust wird er zum Sprechen haben, desto amüsanter, interessanter, aufregender wird für ihn das Sprechen sein.

Das Kind lernt von uns sprechen. Wir müssen also aufpassen, was für Worte, mit welcher Betonung, auf welche Art wir mit ihm sprechen. Von Anfang an lispeln wir nicht, sprechen wir nicht mit schlechter Artikulation oder sinnlos mit dem Säugling. Damit erschweren wir ihm das Sprechenlernen. Doch sprechen wir auch nicht stark artikuliert, übertrieben langsam. Sprechen wir mit dem Säugling verständlich, einfach, fließend und ruhig – auch schon mit dem Neugeborenen; freundlich und immer grammatisch richtig. Geradeso, wie wir mit jedem verständigen Erwachsenen zu sprechen gewohnt sind. Also nicht so: »Paulchen geht panschipanschi«, sondern: »Komm Paulchen, wir gehen baden!« Nicht so: »Das Baby bekommt Milchi«, sondern: »Warte Julchen, gleich bekommst du deine Milch.«

Sollten wir die Empfindung haben, dass das Kind noch nicht alles, was wir reden, oder vielleicht gar nichts davon versteht, benehmen wir uns auch dann nicht, als wären wir stumm. Glauben wir daran, dass der Säugling uns versteht, wenn wir fließend, einfach zu ihm sprechen. Wenn wir uns dementsprechend verhalten, wird aus dieser Vorstellung früher oder später Wirklichkeit: Das Kind wird die ruhige, normale Rede wirklich verstehen. Zwar können wir auch gerade das Gegenteil glauben, nämlich, dass man mit dem Säugling nur mit lispelndem, singendem Tonfall »sich unterhalten« kann. Glauben wir dies lange genug und benehmen wir uns dementsprechend, übernimmt das Kind diese Sprache, und auch aus diesem Glauben wird Wirklichkeit. Richten wir uns also nicht um jeden Preis nach dem Kind, reden wir nicht »kindisch«, denn nicht wir lernen vom Kind sprechen, sondern das Kind lernt von uns.

Wir dürfen zwar die Sprechfehler des Kindes nicht nachahmen, doch auch nicht verbessern. Wir dürfen es mit unausgesetztem Wiederholen nicht darauf aufmerksam machen, was es eben sagte, wie es etwas sagte. Das ist völlig überflüssig. Versuchen wir nicht, das Sprechenlernen zu beschleunigen. Achten wir immer nur darauf, es möglichst gut zu verstehen und dass wir selbst immer fließend, verständig, ruhig und richtig reden. Dem widerspricht natürlich nicht, freundlich und ungezwungen zu sein. Das Kleinkind lernt und übernimmt unsere Redeweise früher oder später sicherlich. Mit ständigem Drängen, Verbessern, Wiederholenlassen, mit Warnungen und Lehren belästigen wir das Kind nur und erreichen dasselbe wie mit jeder Art von Drängen und Ungeduld: Statt des langsamen, stufenweisen, geduldigen, dem Kleinkind genussreichen Sprechenlernens stellen wir es vor eine ermüdende, schwere Aufgabe.

6. Zusammenfassung

Das Kind, dem wir eine ruhige Entwicklung gesichert haben, versucht Verschiedenes. Es sammelt Erlebnisse, Erfahrungen. Jedes Wissen, jede neue Erfahrung ist das Ergebnis von langdauernden Studien und Versuchen. Dies ist jene Entwicklungsperiode im Leben des Kindes, in welcher »seine Augen sich öffnen«, in der es lernt, seine Sinnesorgane zu gebrauchen. Es lernt sehen, hören, ergreifen, Dinge anzuschauen, zu beobachten, es lernt Situationen, Zusammenhänge richtig erkennen, praktische Probleme zu lösen, Schwierigkeiten zu überwinden. Das Kind erleidet einen unabschätzbaren Schaden, wenn es infolge ungeduldiger, taktloser Eingriffe der Umgebung diese Entwicklungsphase überspringt, auslässt oder bloß vernachlässigt, abkürzt.

Versuchen wir nicht, das, was das Kind langsam, mit Mühe, aufmerksam sammelt, ihm fertig wie »auf einem Tablett« zu präsentieren. Dadurch würden wir seine geistige Entwicklung nicht nur nicht fördern, sondern hemmen, zurückhalten. Wenn wir ihm die Möglichkeit des Probierens, des Beobachtens – zu einer Zeit, wo es ihm noch Freude bereitet – wegnehmen, können wir leicht erreichen, dass das Kind das Experimentieren einstellt, unselbstständig, passiv wird und sein ganzes Interesse den Erwachsenen zuwendet. Und dies auch nur, solange wir zu ihm oder über es reden, uns mit ihm beschäftigen.

Lieben wir das Kind, aber überlassen wir uns nicht in unserer großen Liebe völlig unseren Gefühlen, ohne Rücksicht darauf, ob das dem Säugling gefällt oder nicht, ob es seinem Wohl dient oder nicht. Vergessen wir nicht inmitten unserer großen Liebe, dass das Neugeborene auch ein Mensch ist, dabei aber auch infolge seiner Zartheit ein uns ausgelieferter, unserer Schonung bedürftiger Mitmensch, der seine eigenen und eigenartigen Rechte, Wünsche, Instinkte, Interessen hat, die wir respektieren müssen. Achten wir darauf, dass wir mit unserer überströmenden Liebe ihm nicht Gewalt antun.

Das Kind lutscht seinen Finger

Der Säugling findet offensichtlich großes Vergnügen am Saugen an der Brust. Er ist glücklich und zufrieden, wenn er gestillt wird. Am liebsten würde er immer an der Brust sein, wenn er wach ist. Doch das geht nicht. So sucht er Ersatz. Er findet seine Hand, nimmt sie in den Mund und saugt am Finger, manchmal sofort nach der Geburt, manchmal erst nach Wochen.

Das Fingerlutschen bereitet nicht so viel Freude wie das Trinken an der Brust, ist aber auch ganz gut, beruhigend, in dieser beunruhigenden, fremden Welt. Fühlt er sich unbehaglich, benötigt er Trost oder Stütze, so steckt er seine Hand in den Mund, versucht sich so zu beruhigen. Ist ihm ein wenig kühl oder zu warm oder fühlt er leichte Unannehmlichkeiten, sucht und lutscht er seine Finger. Natürlich auch wenn er hungrig ist – aber keineswegs lutscht er seine Finger ausschließlich nur dann, wenn er hungrig ist. Ebenso heftig, ja sogar heftiger lutscht er sie, wenn ihn Blähungen oder sonst etwas stört. Auch nachts lutscht er seine Finger. Denn in den ersten Wochen wacht der Säugling nachts öfters auf, bald weint er dann nicht mehr, sondern nimmt seine Finger in den Mund, noch im Halbschlaf, und schläft meistens rasch wieder ein.

Einige Wochen vergehen und der Säugling beginnt sich für die Außenwelt zu interessieren. Sehr bald erwecken seine Hände sein Interesse. Er betrachtet sie lange und oft: Sie bewegen sich, nähern sich, entfernen sich. Man kann spielen, später sogar greifen mit ihnen. Die Hände haben auf diese Weise nach und nach immer mehr zu tun, sind also immer weniger in seinem Mund.

Zur gleichen Zeit ist aber das Fingerlutschen dem Säugling auch nicht mehr so wichtig. Die Schwierigkeiten der ersten Wochen sind schon größtenteils vorüber. Vieles von dem, was für ihn anfangs unangenehm war, stört ihn nicht mehr, im Gegenteil, bereitet ihm oft

Freude. Er beginnt sich in der Welt wohlzufühlen. Er freut sich am Licht, an den Lauten, an seinen Bewegungen, und all dies beschäftigt ihn und nimmt ihn zunehmend in Anspruch. Je älter das Kind wird, umso mehr befreundet es sich mit der Außenwelt, immer weniger Ursache hat es, sich von ihr abzuwenden: den Finger zu lutschen. Es lutscht auch schon darum immer weniger an den Fingern, weil das Lutschen es am Gebrauch seiner Hand hindert. Schließlich lutscht es seine Finger nur noch vor dem Einschlafen (oder wenn ihm etwas fehlt). Dann hört das Kleinkind auch damit auf und ergreift beim Einschlafen den Zipfel seiner Decke oder des Kissens oder schläft nach einer anderen Zeremonie ein. Dies erfolgt meistens im dritten oder vierten Lebensjahr.

Wenn das Kind seinen Finger doch noch weitere Jahre hindurch intensiv lutscht und vor allem sich wenig für die Außenwelt interessiert, dann deutet dies darauf hin, dass es seinen Platz in der Welt eigentlich noch nicht richtig gefunden hat. Es fühlt sich nicht heimisch, deswegen benötigt es noch immer diesen Trost. Wir müssen versuchen, die Ursache seines Unbehagens zu beheben, ihm zu helfen. Dann wird das Kind auf das Lutschen von selbst verzichten. Machen wir keine Versuche, ihm den Finger gegen seinen Willen zu entziehen oder zu verekeln. Sonst wird dieses unruhige Kind unbedingt eine andere instinktive Beruhigung suchen, und das Übel hört nicht auf, wird nur auf ein anderes, meist schädlicheres Gebiet verlagert.

Zusammenfassend: Das Fingerlutschen ist eine natürliche Begleiterscheinung der normalen Entwicklung des Säuglings. Es hilft dem Kind über seine ersten schweren Monate, seine Bedeutung verringert sich aber im Laufe der normalen Entwicklung und hört – parallel mit der Gewöhnung an das Leben, mit der Anpassung daran – allmählich auf.

Somit könnte ich dieses Kapitel schließen, hätte man den Schnuller nicht erfunden. Der Schnuller ist angeblich vorteilhafter als die Hand. Die wichtigsten Argumente dafür sind: Er ist sauberer und weicher, wir geben ihn dem Kind dann, wann wir wollen, und können ihn leicht wegnehmen, wenn es *uns* gut dünkt und so weiter.

Sind diese Argumente stichhaltig? *Nein.*

Nicht stichhaltig ist, dass der Schnuller sauberer ist als die Hand. In den ersten Monaten ist die Hand des Säuglings sauber, denn seine Umgebung, seine Kleidung, das Bett, die Bettdecke oder sein eigenes Gesicht, die er berührt, sind es auch, allerdings nur, wenn die Erwachsenen seine Hand mit Tätscheln, Küssen nicht verunreinigen. Der Schnuller wird zwar zeitweise ausgekocht, aber in der Praxis wäre es unmöglich und auch überflüssig, sooft der Säugling ihn aus dem Mund fallen lässt, sooft der Schnuller sein Gesicht oder die Bettwäsche berührt, ihn immer wieder auszukochen. Der »steril« gehaltene Schnuller ist also in der Praxis ebenso rein oder schmutzig wie die Hand. Ein großer Nachteil des Schnullers im Vergleich zur Hand ist, dass er auch auf den Boden fallen kann und dass man ihn oft in die Handtasche steckt oder an einen anderen unsauberen Platz legt, wohin die Hand des Säuglings nie hinkommt. Oft wischt man dann den Schnuller einfach mit einem nicht ganz sauberen Tuch ab, bevor man ihn dem Kind gibt, entweder weil man müde ist (nachts) oder weil keine Möglichkeit zum Auskochen besteht (zum Beispiel während des Spaziergangs). In späteren Monaten aber, wenn der Säugling nicht mehr steril gehalten wird, weil er herumkriecht und alles in den Mund nimmt, was er nur erreicht, ist seine Hand nicht mehr rein, doch der Schnuller, den er auf dem Boden herumzieht, ebenso wenig.

Nicht stichhaltig ist, dass der Schnuller, weil er weicher als die Hand ist, weniger zur Bildung von Deformationen führen kann. Davor muss man keine Angst haben. Das Fingerlutschen führt beim gesunden Säugling und Kleinkind zu keinen bleibenden Fehlbildungen. Etwa auftretende Deformationen des Gaumens, der Zähne oder der Finger findet man in der Regel auch bei den Vorfahren der Familie des Kindes, ob sie gelutscht haben oder nicht.

Es kann allerdings vorkommen, dass Kinder mit empfindlicher Haut ihre Hand wund lutschen, doch genügt es dann, auf eine der beiden Hände abwechselnd für kurze Zeit einen Handschuh zu ziehen, und die Haut heilt, ohne dass wir dem Kind beide Hände entzogen hätten.

Nachteilig ist der Schnuller, weil durch ihn die Angewiesenheit des Säuglings auf die Erwachsenen und damit seine Unselbstständigkeit unnötigerweise verstärkt wird. Nachdem er seinen Mund einmal gefunden hat, wird er ihn das nächste Mal auch finden. So lernt er seinen Wunsch »zu lutschen«, selbstständig, ohne äußere Hilfe zu befriedigen, solange er dazu Lust hat. Den Schnuller aber kann ihm stets nur der Erwachsene zurückgeben, sooft der Säugling ihn ausspuckt oder aus dem Mund fallen lässt. So hindern wir ihn gleich in seiner ersten selbstständigen Tätigkeit.

Eng damit verbunden ist auch, dass der Säugling zum Schnuller nur durch Weinen gelangen kann. Da der Säugling anders als durch Weinen seinen Wünschen keinen Ausdruck geben kann, wird er öfters weinen als der Säugling, der seinen Finger lutscht. Ist er ein unruhiger Schläfer, so wird er auch oft die Nachtruhe seiner Eltern stören.

Der größte Nachteil des Schnullers ist, dass wir ihn leicht dem Kind entziehen können. Wir beginnen damit, dass wir das Neugeborene an den Schnuller gewöhnen. Weint es, stecken wir ihn in seinen Mund. Es gibt Säuglinge, die ihn gleich und gerne annehmen, sich ohne besondere Bemühungen leicht an ihn gewöhnen. Doch manchmal spuckt ihn der Säugling anfangs aus, da steckt man ihn wieder und wieder zurück in den Mund, langsam und mit zäher Ausdauer gewöhnt man ihn an den Schnuller. Man streichelt seine Lippen, um ihn so anzuregen, oder versüßt den Schnuller und so weiter.

Der Säugling gewöhnt sich an den Schnuller, er wird für ihn unentbehrlich, unaufhörlich nuckelt er. Am Anfang seiner Entwicklung, während sein Interesse für die Außenwelt, für seine Hände erwacht, muss er nicht auf das Vergnügen des Lutschens verzichten. Sind doch seine beiden Hände auch während des Lutschens frei. Er nuckelt zwar weniger intensiv, wenn er sich für die Außenwelt interessiert, mit den Händen spielt, doch gleichzeitig wird er sich natürlich weniger intensiv für die Welt interessieren, da er inzwischen nuckelt. Diese Kinder hören meistens erst in ihrem Kindergartenalter, oft sogar erst im Schulalter mit dem Lutschen endgültig auf, und das ist noch der günstigere Fall.

Leider wird der Schnuller dem Kind nicht selten von einem Tag auf den anderen entzogen, wenn seine Umgebung (in der Regel gegen Ende des ersten Lebensjahres) meint, dass es jetzt genug sei mit dem Lutschen; zu einer Zeit, da es dem Säugling noch unentbehrlich ist. Ähnlich ist es, wenn man den Schnuller zwar nicht wegnimmt, aber alles daransetzt, dass er seiner überdrüssig wird; zum Beispiel überzieht man ihn mit etwas Bitterem und so weiter. (Es kommt natürlich vor, dass die ungeduldig gewordene Mutter dies auch mit den Fingern des fingerlutschenden Kindes tut.) Was würden die Eltern dazu sagen, wenn man dasselbe mit einer ihrer Leidenschaften (zum Beispiel Zigaretten) oder im Zusammenhang mit einer ihrer eingefleischten Gewohnheiten täte.

Wie reagiert das Kind auf all dies? Es wird unruhig, versteht nicht, was geschah, wird unsicher. Das Beste, was es in diesem Fall tun kann, ist, dass es als Ersatz für den Schnuller seine Hand findet und diese lutscht, freilich viel heftiger, als wenn es den Schnuller nie gekannt hätte. Viel ärger ist es aber, wenn die plötzliche Abgewöhnung scheinbar ausgezeichnet gelingt. Doch wird das bisher ruhige Kind zu gleicher Zeit oder in den folgenden Wochen unruhig und schlecht gelaunt, schreit nachts mehrmals auf, wird von Angstgefühlen geplagt, nässt wieder in das Bett, obwohl es schon trocken war, oder fängt an, seine Nägel zu kauen und so weiter. Abgesehen von den störenden neuen Symptomen ist der Seelenzustand, der diese Symptome ausgelöst hat, für die psychische Entwicklung des Kindes viel nachteiliger als das Finger- oder Schnullerlutschen. Leider merkt die Mutter manchmal den Zusammenhang zwischen der Wegnahme des Schnullers und den nachfolgenden Schwierigkeiten gar nicht und verschlimmert oft die Lage, indem sie das Kind wegen seiner »Ungezogenheit« bestraft.

Zusammenfassend: Geben wir dem Säugling keinen Schnuller. Er ist unvorteilhaft sowohl in Bezug auf die körperliche wie auf die psychische Entwicklung des Kindes. Doch haben wir den Fehler schon begangen und ihm den Schnuller gegeben, fügen wir diesem Fehler nicht noch einen weiteren hinzu, *nehmen wir dem Kind den Schnuller nicht ohne seine Zustimmung weg.* Seien wir geduldig, versuchen wir womöglich zu erreichen, dass das Kind von selbst, ohne Zwang auf ihn verzichtet.

Das Kind will nicht in den Topf machen

Es besteht vielleicht auf keinem anderen Gebiet ein so heftiger Kampf zwischen den Eltern und dem Kleinkind wie in der Sauberkeitserziehung.

Wie oft hören wir: »Ich weiß nicht, was soll ich machen mit diesem Kind? Ich versuche es mit schönen Worten, freundschaftlich, mit Gewalt, mit Zorn – alles umsonst! Es will nicht in den Topf machen, obwohl ich es seit seinem Monat auf den Topf setze!« – »Stundenlang lass ich es sitzen, der Topf bleibt leer, aber sobald ich es aufnehme, geschieht das Unglück.« – »Ich habe es schon an den Topf gebunden, die Bindung hat sich irgendwie gelockert und alles ging neben den Topf auf den Boden.« – »Ich tue dem Kind wirklich nie etwas zuleide, aber einige Male hab ich es schon richtig verprügelt. Leider ohne Erfolg, es macht doch nicht in den Topf.« – »Vielleicht habe ich zu früh oder zu spät begonnen, vielleicht lasse ich es zu kurz oder zu lang sitzen. Ich weiß nicht, wo der Fehler liegt, aber ich kann nicht erreichen, dass das Kind sauber wird.«

Die Eltern setzen oft ihre ganze Kraft, ihr ganzes Streben ein, um das Kind zur Reinheit zu gewöhnen. Als Resultat Monate dauernder Plage wird das Kind schließlich sauber.

Es stellt sich die Frage: Muss das so verlaufen? Hängt es wirklich von den Eltern ab, von ihrer Kraft, Gewandtheit, Ausdauer, wann und wie leicht das Kind sauber wird? Müssen wir wirklich das Kind zur Sauberkeit zwingen? Würden die Eltern sich nicht so sehr bemühen, müsste man dann die Kinder bis ins Erwachsenenalter wickeln? *Nein.* Die Sauberkeit ist ebenso das Resultat der körperlichen und geistigen Entwicklung und der Triebe wie der Beginn des Gehens oder Sprechens. Aber die Aufgabe ist größer. Es bereitet nicht nur Freude, es bedeutet auch Entsagung wie jeder Fortschritt auf dem Weg der Sozialentwicklung. Das Kind muss also *wollen* und sich dazu entschließen, sauber zu werden. Das eine Kind wird früher, das andere später sauber. Beim einen ist der Weg dazu holperiger, beim anderen ist er es weniger. Aber jedes gesunde Kind wird früher oder später sauber, auch dann, wenn man es nicht »lehrt«, nicht mit ihm »übt«, es nicht forciert. Es würde auch dann sauber (allenfalls später), wenn man es nie, in keiner Weise dazu ermuntern würde oder ihm behilflich wäre. Ich betone, dass all dies sich natürlich nur auf gesunde Kinder in gutem Zustand bezieht.

Was ist also unsere Aufgabe in dieser Hinsicht?

Erziehen wir den Säugling gut. Gewöhnen wir ihn daran, zu regelmäßigen Zeiten zu essen, zu schlafen, an der freien Luft sich aufzuhalten, also lehren wir ihn, sich an eine Ordnung anzupassen. Gewöhnen wir ihn auch daran, auf allen Gebieten immer selbstständiger zu werden, und plagen wir ihn weder mit der Sauberkeitserziehung noch mit etwas anderem. Weiter haben wir dann gar nichts mehr im Zusammenhang mit der Sauberkeit zu tun, als das Kind taktvoll, geduldig mit dem Topf bekannt zu machen, ihm zu zeigen, wozu er dient, in einem Alter, in dem das Kind fähig ist, all dies aufzunehmen, und auch fähig, sich selbstständig auf den Topf zu setzen.

Wann machen wir das Kind mit dem Topf bekannt?

Lassen wir das Kind sich erst dann auf den Topf setzen, wenn es sich schon sicher, ohne Hilfe auf einen Schemel oder kleinen Stuhl setzen kann. Keinesfalls früher, eher später, wenn es schon geistig auch so weit entwickelt ist, dass es begreift, worum es sich handelt, und erklären wir ihm, was wir von ihm erwarten.

Wie machen wir es mit dem Topf bekannt?

Wir kaufen einen Topf von entsprechender Größe, auf dem es bequem sitzen kann. Wir bieten ihm den Topf entweder vor oder unmittelbar nach dem Essen an. Wenn es hineinmacht, dann zeigen wir ihm, was sich in dem Topf befindet, wir benennen es mit dem Wort, welches wir gebrauchen wollen, wir freuen uns mit ihm, dass ihm dies gelungen ist. Wenn die Sache nicht geht, wenn das Kind nicht hineinmacht, sagen wir gar nichts, wir lassen es nach zwei bis drei Minuten vom Topf aufstehen. Ich wiederhole: Nur *bekannt machen* wollen wir das Kind mit dem Topf. Wir geben ihm Gelegenheit, dass es seine Bedürfnisse in diesen verrichtet, wenn es gerade Lust dazu hat.

Anfangs üben wir dies nur einmal täglich mit ihm. Machen wir das mit der notwendigen Geduld, so wird die Mehrzahl der Kinder ihren Stuhl oder ihren Harn täglich in den Topf entleeren. Wenn wir das erreicht haben, fangen wir nach Ablauf einiger Wochen vor oder auch nach einer anderen Mahlzeit damit an. Wenn das Kind gern sitzt und gleich nach dem Hinsetzen seine Notdurft verrichtet, können wir ihm nach weiteren Wochen regelmäßig den Topf anbieten. Wir lassen das Kind seinen Gewohnheiten entsprechend vor oder nach dem Essen zwei bis drei Minuten lang auf dem Topf, bieten ihn aber nie öfters als vier- bis fünfmal täglich an und nie länger als für zwei bis drei Minuten. Und immer nur dann, wenn das Kind sich gerne darauf setzt.

Diese Phase zieht sich im Allgemeinen monatelang hin. Einmal gelingt die Sache, ein andermal nicht. Ab und zu setzt sich das Kind gern, dann wieder will es sich nicht daraufsetzen. Messen wir dem keine zu große Bedeutung bei. Zeigen wir keinen Ekel, wenn das Kind in die Hose macht, doch fallen wir auch nicht ins andere Extrem! Geraten wir nicht in Verzückung und Freude, wenn das Kind endlich einmal in den Topf »gemacht« hat, oder darüber, »wie schön das ist«, was es gemacht hat! Erledigen wir die Sache einfach und mit nicht mehr Worten als gerade nötig. Doch strafen wir das Kind auch nicht, wenn es sich nicht meldet und in die Hose, in die Windel macht. Sagen wir nicht »schlimmes Kind«, »hässliches Kind« – »Ich hab dich nicht lieb« und so weiter. Warten wir! Wir können ruhig warten. Denn in der Regel wird das Kind spätestens um drei Jahre herum sowieso von einem Tag zum anderen sich zu melden beginnen, auch ohne jede Strafe, Belohnung, Ermunterung oder Zwang.

Wenn das Kind sich meldet, so muss man ihm natürlich den Topf geben. Sollte es aber oft vorkommen, dass es sich ohne Grund meldet, dann geben wir ihm einige Tage lang den Topf außerhalb der gewohnten Zeiten nicht. Denn wenn es sieht, wie sehr wir uns freuen, dass es sich meldet, spielt es mit und foppt uns eventuell, anstatt sich ernstlich zu entschließen, in den Topf zu machen.

In der Regel beginnt das Kind – bald nach dem ersten Sich-Melden – gegen die Windeln zu protestieren. Es will keine Windel mehr, weil es »schon groß« ist. Zur selben Zeit wird es tatsächlich sauber.

Wenn das Kind sich schon regelmäßig meldet, müssen wir auch dafür sorgen, dass es ohne andere Hilfe auf den Topf gehen kann. Ziehen wir ihm ein Höschen an, das es leicht herunterziehen kann, stellen wir den Topf auf einen Platz, wo das Kind ihn allein erreichen kann. Ermöglichen wir, dass es den Topf selbst hinaustragen und entleeren kann. Dass es die Spülung des WC selbst betätigen kann. Auf Wunsch des Kindes erlauben wir ihm, statt den Topf das Klosett zu benützen.

In großen Zügen ist dies der richtige Verlauf der Sauberkeitserziehung.

Um Irrtümer zu vermeiden: Wenn jemand, indem er das Kind von früh bis spät auf dem Topf hält, erreicht, dass keine Windeln beschmutzt werden, bedeutet das noch nicht, dass das Kind sauber ist. Es kann ja gar nicht anderswohin, als in den Topf machen. Das ist keine Sauberkeit, sondern eine Sportleistung der Mutter zulasten des Kindes.

Sauber ist ein Kind, das unabhängig von unserem Fragen und Ermuntern, gleich den Erwachsenen, wenn es den Drang spürt – wartet, den entsprechenden Ort aufsucht und dort seine Bedürfnisse verrichtet.

Noch einige Hinweise: Sollte das Kind zufällig ein bis zwei Tage nur in den Topf machen, erwarten wir noch nicht, dass das von nun an immer so sein wird. Wir dürfen nicht »böse« werden und ihm keine Vorwürfe machen, auch dann nicht, wenn es rückfällig wird. Leider machen in solchen Fällen auch geduldige Eltern große Fehler. Achten wir bloß darauf, dass das Kind weiterhin auch gern und gleich zu den festgelegten Zeiten in den Topf macht. Dass es manchmal in der Zwischenzeit in die Hose macht, ist belanglos. Bieten wir ihm also den Topf nicht zu oft an und nicht für zu lange Zeit, in der Hoffnung, dass es so früher sauber wird. Davon wird das Kind nicht früher sauber, gewöhnt sich aber nebenbei daran, oft und lange auf dem Topf zu sitzen. Diese Gewohnheit kann eventuell auch später bestehen bleiben und ist sehr störend.

Die Reihenfolge in der Sauberkeitsgewöhnung festzusetzen ist auch nicht unsere Aufgabe. Das Kind entleert Stuhl gern und leicht in den Topf, aber um in den Topf auch regelmäßig zu urinieren, entschließt es sich erst später. Bei einem anderen kann das gerade umgekehrt sein.

Es kommt auch vor, dass das Kind am Tage und wenn es wach ist vollkommen sauber ist, aber im Schlaf oder unmittelbar nach dem Erwachen noch viele Monate lang in das Bett oder in die Windel einnässt. Wir müssen auch hier geduldig sein. Wecken wir das Kind nicht und setzen wir es in der Nacht nicht auf den Topf, damit lösen wir die Frage ohnehin nicht. Es ist nicht richtig, das Kind daran zu gewöhnen, auch in der Nacht auf den Topf zu gehen.

In den Sommermonaten, wenn wir das Kind nackt lassen oder ihm nur ein leichtes Höschen anziehen, entschließt es sich leichter, sich zu melden oder allein den Topf zu nehmen. Wunder dürfen wir aber auch davon nicht erwarten, wenn wir das Kind nackt lassen. Die Sauberkeit tritt auch so erst dann ein, wenn das Kind in seiner Entwicklung ohnehin schon nahe dabei ist, sauber zu werden. Dieser Vorgang beschleunigt sich dadurch höchstens um einige Monate. Falls es Unannehmlichkeiten verursachen würde, wenn das Kind sich beschmutzt (fremder Garten, Sandhaufen und so weiter), geben wir ihm lieber eine Windel. Im Sommer können wir ihm anstatt der Windel ein gestricktes Höschen aus einem porösen Baumwollfaden geben, der die Feuchtigkeit gut aufnimmt, seine Form hält und ausgekocht werden kann wie eine Windel und der Form nach einer Oberhose gleicht.

Sollte es vorkommen, dass das Kind auf einmal, scheinbar ohne irgendwelche vorherigen Ereignisse, plötzlich heftigen Widerstand leistet und es uns nicht gelingt, es friedlich zu überreden, lassen wir den Topf für zwei bis drei Wochen aus. Immer sind *wir schuld daran*, wenn das Kind trotzt. Versuchen wir nach einigen Wochen mit noch mehr Geduld, noch behutsamer das Ganze von Neuem anzufangen. Wenn wir zornig sind und das Kind zwingen wollen, macht es manchmal schon aus Trotz nicht in den Topf.

Ich kenne die üblichen Gegenargumente. Einige beantworte ich:

1. Viele Eltern behaupten, dass man das Kind deswegen früh an Sauberkeit gewöhnen müsse, weil es an Wundsein leide.

Es leidet? Es könnte dem Leiden doch entgehen, würde es sich melden. Eigentümlich, dass es sich trotzdem nicht hilft. Es meldet sich auch oft das größere Kind nicht rechtzeitig. Wenn ein Kind einmal seine Hand verbrannt hat, dann ist es später sehr vorsichtig in der Nähe des Ofens. Es wird sich ihm wohl nicht nähern, oder zumindest ihn nicht wieder berühren, wenn es sich schon öfters verbrannt hat. So ist es mit den meisten unangenehmen und schmerzlichen Erfahrungen. Sollte das Einkoten eine Ausnahme sein? Würde ein größeres Kind seine Not nicht im Voraus anzeigen, um damit den Folgen vorzubeugen, wären diese wirklich so schmerzlich oder unangenehm für es?

2. Laut manchen Eltern darf man darum nicht so lange auf das Sauberwerden warten, weil »darüber alle so aufgebracht sind«.

Wenn ein etwas größeres Kind noch in Windeln steckt, ist tatsächlich die Umgebung meistens mehr aufgebracht als die Eltern. In dieser Hinsicht kann ich nur eines empfehlen: Ist es vermeidbar, so teilt man es nicht mit, dass das Kind noch nicht sauber ist. Die Mehrzahl der Eltern verschweigt ohnehin die Wahrheit … Jeder kennt »saubere« Kinder, die zum größten Schreck der Eltern »zufällig« gerade in die Hosen machen, wenn andere auch dabei sind.

3. Laut einer anderen Ansicht stört es das Kind, dass es in Windeln ist, wenn die anderen Kinder schon ohne Windeln herumlaufen. Die Antwort ist einfach: Schicken wir das Kind nicht in eine Kindergruppe, in der kein Kind von ähnlichem Alter mehr »in Windeln« ist oder wo man nicht nett zu ihm wäre, weil es sich noch nicht meldet. Möglicherweise kommt das Kind so später in den Kindergarten, doch kommt es auf diese paar Wochen nicht an.

4. Ein Argument gegen die Windel ist auch, dass man das Kind in Windeln nicht ordentlich anziehen kann und das Kind durch die

Windel auch in der Bewegung gehindert wird. Es stimmt, dass das saubere Kind vorteilhafter gekleidet werden kann als das in Windeln gewickelte. Die Frage ist nur, ob es sich lohnt, deswegen das Kind der schädlichen, zerstörenden Wirkung des Zwangs auszusetzen.

5. Die Mütter berufen sich auch darauf, dass es viel mehr Arbeit und Zeit erfordere, wenn das mehr als 2-jährige Kind noch in Windeln ist. Doch es beansprucht wenig Zeit, einmal täglich Windeln zu waschen, als von früh bis spät hinter dem Kind herzulaufen, aufzupassen, es zu setzen, zu zwingen. Das Windelwaschen und Säubern beim größeren Kind ist tatsächlich unangenehm, doch kann ich auch hier nur wiederholen, es lohnt sich, auch diese Unannehmlichkeit auf sich zu nehmen. Nicht einmal mehr Waschmittel wird verbraucht, wenn wir täglich nur die Windeln waschen, statt jeden zweiten oder dritten Tag die ganze Kleidung des Kindes, wenn es »zufällig« in die Hose macht, was oft unvermeidlich ist.

Ein Teil der Mütter empfiehlt, das Kind wenn nicht durch Zwang, so doch mit Versprechung und Belohnung zur Sauberkeit »anzuspornen«. Doch was ist da oft für ein Unterschied?

Oft straft die »belohnende« Mutter das Kind schließlich ebenso wie die andere. Bloß verspricht sie nicht Strafe, sondern Belohnung und straft mit dem Entzug der Belohnung. Für das Kind ist das eine wie das andere: Strafe. Beides kann man mehr oder weniger sanft oder derb anwenden. Beides sind Restriktionen. Bloß für uns scheint die Belohnung anziehender zu sein.

Man empfiehlt auch, auf das Kind moralisch einzuwirken. Die schädlichste Methode ist aber, ein Kind zu beschämen, zum Beispiel mit »Pfui, schäme dich« und ähnlichen Ausrufen. Besonders traurig ist es, wenn dies im Zusammenhang mit dem Bettnässen geschieht. Wir müssen wissen, dass das nächtliche Einnässen in der Regel nicht vom Willen, nicht vom Entschluss des Kindes abhängt. Das Einnässen hängt sehr oft mit Angstgefühlen zusammen und passiert in der Regel in tiefem Schlaf. Je unruhiger das Leben eines Kindes ist, umso öfter. Mit »Gewöhnung« kann man da natürlich gar nichts erreichen. Bei entsprechender Erziehung hört mit der Zeit auch das Einnässen auf, falls die grundlegende Ursache aufhört. Wenden wir uns an einen Psychologen, wenn das sonst gesunde Kind noch im Schulalter einnässt.

Man darf das Kind nie beschämen! Das Beschämen ist kein Erziehungsmittel, genauso wenig wie das Prügeln; nicht besser wird es davon, sondern schlechter.

Viele behaupten, dass man das Kind im Zusammenhang mit der Sauberkeitserziehung zur Disziplin erziehen muss, sonst »verlümmelt« es. Ich empfehle den Eltern, die Erziehung zur Disziplin nicht gerade damit zu beginnen, denn dieses Gebiet liegt außerhalb ihres Aktionsbereichs. Das Leben bietet so viele einfachere Gelegenheiten zur Sozialerziehung.

Was geschieht, wenn wir die Sauberkeitserziehung doch forcieren?

Es entsteht der Kampf, der wohlbekannt ist. Ein ähnlicher Kampf spielt sich oft auch wegen des Fingerlutschens oder des Schnullers ab. Bei diesen aber ist die Situation einfacher für die Mutter, da sie die Stärkere ist und den Schnuller wegnehmen, die Hand zubinden kann. Viel schwieriger ist es aber, dem Kind Ausscheidungen »wegzunehmen« oder sie in den Topf zwingen zu wollen. Hier führt der Zwang noch weniger zum Ziel.

Die Gewalt verursacht, ob sie zum Ziele führt oder nicht, auf jeden Fall starke Störungen in der Entwicklung des Kindes. Da Stuhlentleerung und Urinieren in engem Zusammenhang mit den Geschlechtsorganen und Geschlechtsvorgängen steht, können grobe Eingriffe im Laufe der späteren Entwicklung große Schäden auch auf diesem Gebiet verursachen. Die Beziehung zwischen Mutter und Kind, die bis jetzt meistens im Großen und Ganzen ungestört war, falls nicht schon früher beim Füttern ein Kampf entstand, wird oft gerade in Verbindung mit der Erziehung zur Sauberkeit gespannt und feindlich, und dieser Kampf hört nach dieser Periode natürlich nicht auf.

Ich bedauere die Kinder, die laut den Eltern »schon im Alter von einem Jahr sauber waren«. Meistens entspricht das nicht den Tatsachen. Zum Glück!

Zusammenfassung: Unser Ziel soll nie darin bestehen, das Kind möglichst früh zur Sauberkeit zu erziehen. Drängen wir, zwingen wir das

Kind nicht. Messen wir dieser Frage keine übertriebene Wichtigkeit bei. Achten wir, dass die Sauberkeitserziehung sich nicht zu einem erbitterten Kampf zwischen Kind und Eltern entwickelt. Wenden wir uns nicht gegen das Kind, stehen wir ihm bei, hilfreich und verständnisvoll.

In dieser Zeit zwischen der zweiten und dritten Ausgabe dieses Buches hat das Leben in Bezug auf die Erziehung zur Sauberkeit ein Experiment produziert, welches klar zeigte, dass das Anbieten des Topfes oder das Setzen auf den Topf dabei gar nicht entscheidend ist. Genauer: Das Kind muss in einer zivilisierten Gesellschaft gar nicht eigens zur Sauberkeit »erzogen« werden. Man muss es nur im Allgemeinen gut erziehen, dann wird es sauber, auch wenn wir diesbezüglich gar nichts anregen.

Während des Zweiten Weltkriegs und in der Nachkriegszeit gab es viele Gegenden, wo die schwierigen Nahrungs- und Existenzsorgen, vor allem im Winter ohne Heizung, die Mütter veranlassten, unabhängig von jedem theoretischen Bedenken auf die Sauberkeitserziehung ihrer Kinder zu verzichten. So wurden ganze Gruppen von Kindern zufolge äußerer Umstände überhaupt nicht auf den Topf gesetzt.

Erstaunlicherweise – oder vielleicht gar nicht erstaunlich – wurden die Kinder »doch« sauber. Freilich nicht alle. Hauptsächlich wurden unter solchen Umständen jene Kinder sauber, die während der ganzen Zeit in der Familie blieben und sonst auch im Großen und Ganzen in Ordnung waren. Von einem Tag zum anderen wollten sie keine Windel mehr und baten, ihre Bedürfnisse ebenso verrichten zu können wie die Erwachsenen. Sie forderten dies sogar oft auch dann, wenn die ganze Familie sie überreden wollte, noch zu warten, zum Beispiel weil die Wohnung kalt, ungeheizt war oder im Luftschutzkeller dies für die Mütter sehr unbequem war. Die Kinder ließen sich davon nicht abhalten und wurden sauber.

Unabhängig von diesen Erfahrungen versuchten im Laufe der Jahre immer wieder Mütter ihren Kindern nicht extra den Topf anzubieten. Auch diese Kinder wurden sauber.

Wodurch werden diese Kinder sauber?

Das sich normal entwickelnde Kind, das gut gehaltene Kind möchte erwachsen werden, möchte ähnlich wie seine Eltern werden. Möchte immer mehr am Leben der Erwachsenen teilnehmen. Falls wir es richtig erziehen, ist es bereit, dafür auf viele ihm angenehme Dinge zu verzichten. Es verzichtet so auch darauf, dort und dann seine kleine und große Not zu verrichten, wo und wann es ihm gerade angenehm ist, und sogar mit Freude, nachdem es eine gewisse Entwicklungsphase schon erreicht hat. Es kann also im wahrsten Sinne des Wortes als Ergebnis der richtigen Erziehung betrachtet werden, dass das Kind – sozusagen als »Nebenprodukt« der guten Erziehung – von selbst sauber wird.

Wann werden die Kinder sauber? Und wie verläuft dies?

Die Kinder beginnen in der Regel zwischen dem zweiten und dritten Lebensjahr, sich für die mit dem Urinieren und Stuhlgang zusammenhängenden Dinge zu interessieren. Eventuell protestieren sie gegen die Windeln, weil sie hie und da wund werden, oder sie sind ihnen aus einem anderen Grunde unangenehm. Oder sie beginnen sich im Allgemeinen dafür zu interessieren, wer, wie und wo seine Bedürfnisse verrichtet. Oft fragen sie geradeheraus, ob die Erwachsenen auch Windeln tragen und wer sie wickelt … oder wenn nicht, wohin sie dann nässen und koten … oder sie »müssen überhaupt nicht?«… Also bringen die Kinder früher oder später diese Fragen auch ohne uns zur Sprache.

Die Aufgabe der Eltern besteht hier nur darin, auf alle Fragen des Kindes aufrichtig zu antworten. Eventuell zeigen sie ihnen das WC oder den Topf, im Falle dass die Kinder diese bis dahin nicht gekannt hätten. Die Eltern erwähnen, wo und wann sie selbst ihre diesbezüglichen Bedürfnisse im Allgemeinen erledigen. Ruhig betonend, dass das Dinge sind, die zum Leben der Erwachsenen und der Kinder – eben um erwachsen zu werden – dazugehören. Demonstrieren wir dies aber nicht. Verrichten wir nicht unsere Bedürfnisse vor unseren Kindern, auch dann nicht, wenn sie es von uns verlangen. Im Allgemeinen können und sollen wir auch alles mit ihnen besprechen, was sie interessiert, selbst wenn es uns peinlich ist; aber zeigen wir nur das, was für uns bequem und natürlich ist! Die durch die längere Dauer der Sauberkeitserziehung verursachte Mehrarbeit, das viele Waschen, dürfen wir dem Kind nicht vorwerfen. Nimmt ja eine sorgende Mutter während der Pflege des Kindes mit großer Freude so viel Arbeit auf sich, ohne dem Kind deshalb Vorwürfe zu machen! Im Interesse des Kindes muss sie auch diese Arbeit noch eine Zeit lang leisten.

Einige Wochen nach den diesbezüglichen Fragen verlangen die Kinder in der Regel den Topf oder wollen auf das WC gehen, »so wie die Großen«. Sie sind sehr glücklich und stolz, wenn ihnen das erlaubt wird, und in der Regel gelingt ihnen schon der erste Versuch. Von da an sind sie in der Regel sauber. Also nicht später als das Kind, das ans Töpfchen gewöhnt wurde, wie ich es im ersten Teil dieses Kapitels empfohlen habe.

Diese Kinder werden sehr bald selbstständig nicht nur darin, dass sie sich rechtzeitig melden, sondern auch darin, dass sie vieles andere auch selbstständig verrichten, vom Sich-Auskleiden bis zum Sich-Anziehen. All dies machen sie freudig und stolz und viel früher, als die Mutter dies von ihnen erwarten würde.

Für diese Art von Sauberwerden ist es also charakteristisch, dass sie plötzlich erfolgt. Der Anfang findet viel später statt als im Allgemeinen bei den Kindern, die »gesetzt« werden – das Ende dagegen oft bedeutend früher.

In jedem Kapitel sprachen wir davon, welch große Freude es dem Kind bedeutet, wenn es allein, aus eigener Initiative, aufgrund eigener Fähigkeit immer höhere Phasen der Entwicklung erreicht. Und wie groß ist der Stolz des Kindes, wenn es so, Schritt für Schritt, weitergelangt! Für das Kleinkind ist es die größte Leistung, die größte Freude, der größte Stolz, wenn es die schwierige Phase des Sauberwerdens selbstständig, freiwillig, aus eigenem Entschluss erreicht. Aber nicht nur Freude bedeutet es sowohl dem Kind wie der Mutter, sondern es ist auch ein Prüfstein der sozialen Entwicklung; und auf dieser Basis hat das Kind gute Aussichten, sich später zu einem gesunden, selbstsicheren und dabei anpassungsfähigen Menschen zu entwickeln.

Übergang vom Säuglingsalter* in das Kleinkindalter

Dieses Kapitel erörtert, wie man das Kleinkind von der Einsamkeit des Laufgitters, der abgesonderten Ecke oder der Stille der Kinderstube allmählich in das tägliche Leben der Familie und dann weiter in die größere Gemeinschaft einführen soll.

Wir betonten bisher, dass wir uns im Allgemeinen nach den Bedürfnissen des Kindes richten müssen. Doch bezieht sich das in dieser Weise natürlich nur auf das Säuglingsalter.

Je älter, je größer das Kind wird, umso weniger richtet sich die Umgebung nach ihm, umso mehr muss das Kind sich nach anderen richten. Zwar muss es sich schon von Geburt an in gewissem Grade der Umgebung anpassen, denn gewisse Gewohnheiten, gewisse Regelmäßigkeiten haben wir von Anfang an in sein Leben eingeführt. Die Lage ändert sich mit dem Wachsen des Kindes nur insofern, als die Beschränkungen und Regeln sich später vermehren, verwickelter werden und eine wachsend größere Belastung für das Kind bedeuten. Das Hauptgewicht in der Erziehung dieser Periode ist aber darauf zu legen, dass die Anpassung an die Beschränkungen nicht bloß aufgrund mechanischer Gewöhnung oder von Zwang erfolgt. Das Kind muss in seiner Entwicklung so weit gelangen, dass es nicht nur zur Kenntnis nimmt, dass die Welt und die Menschen sich nicht nach ihm richten und sich in allem auch nicht nach ihm richten könnten, sondern es muss *einsehen und verstehen*, dass es selbst sich immer mehr nach der Welt richten muss.

---

* Dieses Kapitel kann kein vollständiges Bild dieser Periode der Entwicklung des Kindes geben und versucht es auch nicht. Ich erwähne nur die Frage, worin meiner Erfahrung nach die Eltern im Allgemeinen die meisten Fehler begehen, infolge derer oft auch die bis dahin erreichten Erziehungsresultate fraglich werden.

Die Aufgabe ist groß, neuartig und schwer für das Kind und für uns. Ihre Lösung verlangt viel Geduld und nimmt viel Zeit in Anspruch. Eilen wir nicht! Wollen wir nicht von einem Tag zum anderen aus dem Säugling ein artiges, wohlerzogenes, in der Gemeinschaft seinen Platz findendes, erwachsenes Wesen machen. Auch hier können wir nur allmählich, Schritt für Schritt vorwärtsgehen, wir selbst und auch das Kind.

Wie beginnen wir damit? Was ist die erste Aufgabe auf diesem Gebiet?

Herumkriechende Kinder müssen vor allem lernen, sich frei in der Wohnung zu bewegen zwischen den komplizierten Gegenständen, und zwar ohne dabei sich selbst und die Gegenstände zu gefährden.

Wann sollen wir die diesbezügliche Erziehung des Kindes anfangen?

Frei in der Wohnung, außerhalb des für es abgegrenzten Teils lassen wir das Kind erst herumkriechen, wenn es sich schon auf seinem eigenen Platz, inmitten seiner eigenen Spielsachen gut orientiert, ungefähr im Alter von dreiviertel bis einem Jahr.

Überlassen wir dem Kind die Initiative. Jedes sich gut entwickelnde Kind interessiert sich für seine Umgebung. Öffnen wir das Gitter, bieten wir ihm Gelegenheit, überall hinzukriechen, wohin es ihm beliebt, sich überall umzuschauen, aber forcieren wir es nicht, wenn das Kind auf seinem gewohnten Spielplatz bleibt.

Wenn das Kleinkind zum ersten Mal frei in der Wohnung herumkriecht, gelangt es in eine wunderbare, neue Welt. Es begegnet neuen, interessanten Dingen. In seiner eigenen Welt konnte es im Allgemeinen tun, was es wollte. Freilich lebte es bloß inmitten von Gegenständen, die für das Kind ausgewählt waren. In der neuen Welt ist alles anders. Auch bewegter ist das Leben. Farbiger, lebendiger, interessanter, wirklicher. Aber Nachteile sind auch da. Man muss den Preis dafür bezahlen, dass man sich in der »Außenwelt« frei bewegen kann. Einen Teil der Gegenstände darf man nicht anrühren. – An den Tischdecken darf man nicht ziehen, obwohl sie so verlockend über dem Kopf des kriechenden Kindes hängen. – Die Möbel umstürzen darf man nicht! – Radio, Telefon, Büchergestell, Fernseher und tausenderlei andere kleine Gegenstände gibt es, zum Beispiel Steckdosen, die man nicht berühren darf! – Und wenn das Kind diese Dinge doch berührt, geht die Hölle los: Es zwickt, sticht, brennt, zerfällt in seiner Hand, zerbricht mit großem Lärm. Zieht es an einem Zipfel, so fällt etwas auf seinen Kopf; stützt es sich auf ein Möbelstück, so kippt es um, und so weiter. Ganz anders also ist die Welt »draußen«. Glänzender, aber gefährlicher. Interessanter, aber unsicherer. Freilich, das Kind sah all dies auch bisher schon, aber anders ist es, etwas nur zu sehen, und etwas ganz anderes, es selbstständig auch zu untersuchen.

Wie benehmen sich die Kinder in der neuen Situation?

Anfangs haben sie noch keine Ahnung von den Enttäuschungen und Gefahren, die sie erwarten. Glücklich ergreifen sie, betasten sie alles, mit allem wollen sie spielen, sie möchten an allem ziehen, alles ausprobieren. Kaum haben sie etwas in die Hand genommen, schon eilen sie zu einem anderen Gegenstand. Anfangs werden sie in der Regel durch nichts gefesselt, so viel interessante, lockende Dinge sind da, die man ausprobieren könnte. Selbstverständlich gibt es auch Kinder, die anfangs reine Umschau halten, beobachten und nichts anrühren. Das empfindlichere Kind benimmt sich im Allgemeinen so. Eventuell bringt es ein Spielzeug von seinem eigenen Platz mit und spielt damit. Doch früher oder später wird auch dieses Kind Lust bekommen, alles auszuprobieren, die mannigfaltigen Spielmöglichkeiten des Zimmers zu nützen.

Was haben wir dabei zu tun?

Freuen wir uns über die Freude des Kindes, doch verbieten wir ihm von Anfang an, was wir später sowieso verbieten müssen. Erlauben wir nicht, dass das Kind unsere Bücher zerreißt, wertvolle Gegenstände zerbricht und so weiter. Schon von Anfang an muss es lernen – *und von sich selbst kann es dies nicht lernen, nur von uns –, was man im Allgemeinen tun kann und was nicht, was erlaubt ist und was nicht.* Freilich *verbieten wir nur, was wir wirklich verbieten müssen*, dies aber konsequent.

Das klingt sehr einfach. Doch wie machen wir es dem Kind verständlich, was nicht erlaubt ist? Wie »verbieten« wir dem Kriechling etwas? Versteht er doch die Erklärung noch nicht. Wären wir also an jenem Punkt der Säuglingserziehung angelangt, wo man ohne Klapse nicht mehr weiterkommt?

Nein. – Das Schlagen ist kein Erziehungsmittel. Dadurch versteht das Kind die Verbote nicht besser, es schadet höchstens seiner Entwicklung. Vom Prügeln ist noch kein Kind besser geworden, höchstens schlechter – gleichgültig welche Prinzipien den Hintergrund bilden. Vom Schlagen lernt das Kind nur schlagen. Keineswegs sich anzupassen. Im schlimmsten Fall lernt es unterwürfig zu werden.

Wenn nicht mit Klapsen, womit dann? Wie erziehen wir den Säugling zur Disziplin? Wie kann man ihm verständlich machen, was »verboten« ist, was man »nicht darf«?

Einige Beispiele:

Das Kind kriecht im Zimmer herum und nimmt einen zerbrechlichen Gegenstand in seine Hand, *bitten wir um den Gegenstand, und wenn es ihn nicht hergibt, so nehmen wir ihn weg und erklären ihm, dass das, was es in die Hand genommen hat, zerbrechlich ist.* Ich wiederhole: *Sprechen wir*, erklären wir ihm, was wir von ihm wollen, auch dann, wenn wir meinen, »das Kind versteht es sowieso nicht«. Legen wir den Gegenstand beiseite, auf einen Platz, wo das Kind ihn nicht erreichen kann. Wenn es zu nah zum eingeheizten Ofen geht, warnen wir es, dass der Ofen heiß ist, dass es sich verbrennen kann, wenn es ihn berührt, und führen wir es vom Ofen weg. Hat es ein Buch von seinem Platz heruntergenommen, versuchen wir das Kind zu überreden, das Buch zurückzugeben, und geht es anders nicht, nehmen wir es selbst weg, um es auf seinen Platz zurückzulegen.

Falls das Kind aufgebracht ist und zu weinen beginnt, müssen wir es beruhigen, freundlich, nett aufnehmen, aber nicht erlauben, was wir verbieten wollen. Wenn das Kind sich aber nicht abfindet mit der Ordnung der neuen Welt, wenn es die Verbote nicht zur Kenntnis nimmt, wenn es immer wieder das, was nicht erlaubt ist, in die Hand nimmt, oder dahin geht, wo hinzugehen verboten ist, wenn wiederholt solche Zusammenstöße zwischen dem Kind und der Welt vorkommen, dann nehmen wir es zurück in sein Laufgitter, in die abgezäunte Ecke, an seinen eigenen Platz. Dort innerhalb des vereinfachten, ihm angepassten

Rahmens, an den es längst gewöhnt war, hat es das Gefühl, dass »alles erlaubt ist«, ist doch dieser Platz eigens für das Kind eingerichtet. Vollständig von der freien Wahl des Kindes soll es abhängen, wo es sich mehr »zu Hause« fühlt, auf seinem eigenen Platz oder außerhalb dieses eingezäunten Raumes. Die Wahl des Kindes kann nicht einmal dadurch beeinflusst werden, dass es dort in der Nähe der Mutter ist. Die Mutter – hat sie dazu Zeit – soll auch auf seinem eigenen Platz mit ihm sein. Hat sie aber keine Zeit, so kann sie das Kind ohnehin nicht frei in der Wohnung lassen. Ich wiederhole, dass dies alles freilich nicht stumm getan werden soll, alles muss mit dem Kind besprochen werden, alles muss *erklärt* werden. Das Kind versteht die Sprache viel früher und versteht viel mehr von dem, was wir sagen, als wir uns vorstellen. So können wir mithilfe unserer Worte und Taten erreichen, dass das Kind akzeptiert, was verboten und was erlaubt ist. So lernt es, sich der Ordnung anzupassen.

Dies aber ist nur der erste Schritt. Mit dem so erreichten Ergebnis können wir noch nicht zufrieden sein. Es genügt nämlich nicht, dass das Kind die »Bedingungen« akzeptiert – dass es zur Kenntnis nimmt, was möglich ist und was nicht. So weit ist es nur Dressur, nicht Erziehung. Es ist wichtig, dass das Kind früher oder später einsieht, dass das, was wir fordern, richtig und notwendig ist. Einsehen aber kann das Kind nur, wenn es die Dinge erprobt und erfährt, so wie es das bis dahin getan hatte.

Nun, wie können wir das erreichen? Lassen wir also doch zu, dass das Kind unsere Bücher zerreißt, unser Porzellan zerbricht, sich am heißen Ofen verbrennt – bloß damit es Erfahrungen sammelt? Nein. Es stimmt, dass das Kind die Eigenschaften der Gegenstände kennenlernen soll, und zwar über eigene Erfahrungen, nicht nur aufgrund der elterlichen Verbote. Doch muss es all dies nicht unbedingt an wertvollen Büchern und feinem Porzellan, an scharfen Messern und so weiter erlernen. Wir können dem Kind Versuchsmaterial in die Hand geben, das weniger wertvoll, weniger gefährlich ist, und woran das Kind doch alles erproben, die Eigenschaften der Gegenstände kennenlernen kann. Wenn das Kind bei einem Teil der Verbote aufgrund seiner eigenen Erfahrungen einsieht, dass das von der Mutter Verbotene tatsächlich nicht gut ist, wirklich gefährlich ist, dann bedeutet die Annahme der übrigen Regeln schon weit mehr als blinder Gehorsam. Dann wird es früher oder später verstehen, einsehen, dass der Erwachsene, die Mutter erfahrener ist, dass die Mutter weiß, was und warum sie etwas erlaubt oder verbietet. Es wird der Mutter vertrauen.

Nehmen wir weitere Beispiele:

1. Das Kind hat aus unserem Bücherschrank ein Buch herausgenommen und ist gerade dabei, es zu zerreißen; wir nehmen es aus seiner Hand und legen es in den Bücherschrank zurück. Doch das Kind kann der Versuchung nicht widerstehen und fängt von Neuem mit den Büchern zu spielen an. Offensichtlich interessieren es die Bücher. Doch können wir sie nicht in seine Hand geben, weil dadurch wertvolle Bücher ruiniert werden. Geben wir ihm einfach ein anderes Buch in die Hand, um welches es nicht schade ist. Suchen wir für das Kind ein billiges Bilderbuch oder ein wertloses unter unseren Büchern aus. Damit kann es tun, was es will, es sogar zerreißen, wenn es dazu Lust hat. Geben wir ihm nicht Bücher aus unzerreißbarem Leinen, weil wir damit nichts erreichen. Das Kind muss gerade mit solchen Büchern umzugehen lernen, wie die unseren sind. Natürlich wird das Kind dieses Buch früher oder später zugrunde richten. Geben wir ihm später – freilich nicht gleich – ein anderes Buch, und wenn es dieses auch zerrissen hat, noch eins. Dadurch lernt das Kind, dass, was es zerrissen hat, zugrunde geht, dass das zerrissene Buch aufhört, Buch zu sein, nicht mehr das ist, was es war. Die meisten Kinder kommen, wenn sie eine Zeit lang ihre Bücher zerrissen haben, später darauf, dass man mit den Büchern auch anders spielen kann – so, dass die Bücher erhalten bleiben. Immer länger und länger spielt es mit den Büchern, immer später kommt die Reihe an ihre Beschädigung und ihr Zerreißen, und später, wenn das Kind sie liebgewinnt, wird es seine eigenen Bücher unversehrt bewahren. Während dieser Prozess sich abspielt, wird das Kind inzwischen gewiss schon verstehen, warum es unsere Bücher nicht anrühren darf, dass diese nicht zerrissen, beschädigt werden dürfen. Dann begreift es schon – durch seine eigenen Erfahrungen –, um was es sich hier handelt, was wir

von ihm wollen. Auch bedeutet es kein großes Opfer, wenn es auf unsere Bücher verzichtet, weil es an seinen eigenen Büchern sich austoben konnte. Mit diesen konnte es spielen, wie es wollte.

2. Das zweite Beispiel: der Ofen (verschiedene heiße Heizkörper). Der heiße Ofen ist gefährlich. Wenn das Kind zu nahe zum Ofen hinläuft, wenn es die heiße eiserne Tür angreifen will, dann sagen wir ihm, dass man den Ofen nicht berühren darf, weil man sich verbrennt. Wenn das nichts nützt, wenn das Kind wieder und wieder zu nahe zum Ofen geht, dann führen wir es abermals auf seinen eigenen Platz zurück. Freilich kann auf seinem eigenen Spielplatz sich auch ein Ofen befinden. Doch soll (und das war unser Ausgangspunkt) das Kind dort auch allein verbleiben können, muss der Ofen so umzäunt werden, dass es dem Kind nicht möglich ist, ihn zu berühren. Bringen wir die Umzäunung womöglich so an, dass das Kind, wenn es sich sehr bemüht, den Ofen mit der Fingerspitze gerade erreichen kann. Sollte es sich so doch verbrennen, so erfolgt das nur an einer ganz kleinen Oberfläche und nur schwach, weil es nicht näher kommen kann, es kann nicht seine ganze Handfläche darauf drücken, kann sich nicht mit seinem ganzen Körpergewicht daranlehnen. Besonderes Unheil kann nicht geschehen. Und wenn es trotz der Ermahnungen der Mutter die heiße Fläche berührt und sich ein bisschen verbrennt, dann erlebt es durch eigene Erfahrung, dass der heiße Ofen Schmerzen verursacht. So sieht das Kind ein, dass die Mutter recht hatte und es gut für es ist, wenn es ein andermal auf sie hört. Es gibt noch viele andere Gelegenheiten, bei welchen das Kind mit der Bedeutung des Wortes »heiß« bekannt werden und damit erfahren kann, dass dies Schmerzen und Gefahr bedeutet.

Umzäunung, Schutzmaßnahmen sind unbedingt notwendig. Es ist nicht richtig, wenn die Mutter das Kind zwar auf die Gefahr aufmerksam macht, doch sonst sich nicht um das Kind kümmert und es ruhig gegen den Ofen rennen lässt. Für das Kind bedeutet der heiße Ofen eine ganz ernste Gefahr. Wenn ihm ein Unfall dabei zustößt, wird es unsicher; das Gefühl der Sicherheit, das es sonst in seinem Zimmer oder in der Gegenwart der Mutter empfindet, leidet darunter.

Es ist auch nicht richtig, wenn die Mutter – statt dem Kind Gelegenheit zu bieten, auf seine eigenen Kosten zu lernen – die Hitze des Ofens, das Verbrennen und den Schmerz einfach »vorspielt«. Sie tut, als ob sie den heißen Ofen berühren würde, reißt dann die Hand plötzlich weg, tut, als hätte sie sich verbrannt, bläst auf die Hand, schüttelt sie und klagt: »Das tut so weh« und so weiter. Für das Kind ist so etwas nur ein interessantes Theater. Eventuell bittet es die Mutter, dieses Spiel zu wiederholen. Doch wovon eigentlich die Rede ist, versteht es aus dieser vorgespielten Szene nicht, und sollte es dazu kommen, lehnt es sich möglicherweise vollkommen ruhig mit der ganzen Handfläche auf die heiße Ofentür. Die schmerzlichen *Erfahrungen* können wir aus dem Leben des Kindes nicht ausschalten. Wirklich wahre, erzieherische Wirkung hat aber nur das *wirkliche* Leben. Mit Imitationen – wenn wir »tun als ob« – erreichen wir gar nichts. Wenn das Kind sich noch nie verbrannt hat, weiß es nicht um den Sinn solchen »Theaters«. Oder das Kind versteht es nur halbwegs, fühlt es aber nicht, macht es sich nicht zu eigen. Hat das Kind jedoch solche Erfahrungen schon gemacht, dann ist das Theater überflüssig.

Noch schlimmer ist, wenn die Mutter selbst die Hand des Kindes auf den heißen Ofen legt. Zwar lernt das Kind auf diese Weise die Lektion, versteht dadurch, dass man mit dem Ofen vorsichtig sein muss, doch gleichzeitig erwacht in ihm das Gefühl, dass die Mutter mit irgendeiner feindlichen Absicht ihm Schmerzen verursacht hat, ihm etwas zuleid getan hat. Dem Kind schmerzliche, bittere Erfahrungen zu verschaffen ist nicht Aufgabe der Mutter. Ihre Aufgabe ist, das Kind zu hüten und aufmerksam zu machen.

Natürlich gibt es Gefahren, die das Kind wie der Erwachsene begreifen muss, auch ohne sie zu erproben. Wir müssen zum Beispiel verhüten, dass das Kind aus dem Fenster hinausfällt. Hat das Kind ein eigenes Zimmer, in dem es ohne Aufsicht frei umherlaufen kann, muss man sein Fenster unbedingt mit einem Gitter versehen. Aber kleine Plumpser muss das Kind ausprobieren. Wenn wir es sich frei bewegen lassen, auf Stühle, Sofa hinauf- und herunterklettern lassen, freilich nicht auf wertvolle Möbelstücke, so passiert ihm früher oder später, dass es herunterfällt. Auf diese Weise erprobt es das Fallen, den Schmerz, die Gefahr. Erprobt sie, wenn auch nicht in einer lebensgefährlichen Form, doch so, dass es später ohne Weiteres einsieht, weiß, fühlt, dass aus dem Fenster, aus größerer Höhe herunterzufallen eine ernsthafte, lebensgefährliche Sache ist. So kann es eine reale Vorstellung von Gefahren gewinnen, die man nicht erproben darf.

Das schon gut laufende Kind muss auch mit der Welt außerhalb der Wohnung, mit der Straße, mit dem Park bekannt werden. Bisher hat es sie nur auf dem Arm oder im Wagen sitzend gesehen, nun aber lernt es sie auf eigenen Beinen kennen. Auf eigenen Beinen ist das etwas ganz anderes. Um sich frei bewegen zu können, muss es die elementarsten Regeln des Lebens der Straße kennenlernen, muss sie akzeptieren. Haben wir es bis dahin gut erzogen, dann verursacht das keine besonderen Schwierigkeiten. Auch hier gilt, was ich schon früher betonte: Verbieten wir dem Kind nur das, was wir unbedingt müssen. Es soll das Trottoir nicht verlassen, im Kehricht nicht wühlen und so weiter. Lassen wir es gut bewacht, aber möglichst selbstständig sich bewegen, beobachten, erfahren, wie es seinem eigenen Interesse, seinem eigenen Tempo entspricht.

In dieser Hinsicht machen die Eltern oft Fehler. Häufig führen sie das Kleinkind an der Hand. Genauer: sie »führen« es gar nicht, sondern schleppen, zerren es nach sich. Sie betrachten Auslagen, sie plaudern untereinander, das Kind aber, an der Hand geführt, hängt an ihnen wie eine überflüssige Last. Es bekommt dieses »Geführtwerden« bald satt. Bemerkt etwas Interessantes, möchte es genauer beobachten, bleibt unwillkürlich einen Schritt hinter der Mutter zurück. Die Mutter zerrt dann an dem Kind. Möglicherweise fährt sie das Kind an. Dann – als hätte sie ihre Pflicht gut verrichtet – plaudert sie weiter, betrachtet die Auslagen weiter, mit einem Wort: Sie setzt das »spazieren führen« des Kindes fort. Das auf diese Weise »spazieren geführte« Kind lernt so die Ordnung der Straße nicht kennen, lernt nicht, sich an das Leben der Straße anzupassen. Falls wir dem Kind zuliebe mit ihm auf die Straße gehen, ist es das Kind, das spazieren geht, und wir begleiten es. Haben wir aber etwas zu besprechen oder sonst etwas auf der Straße zu erledigen, dann halten wir das Kind im Wagen oder lassen es zu Hause.

Führen wir also das Kind schon von Anfang an nicht an der Hand – genauer, gerade anfangs führen wir es nicht, wenn es sich noch nicht heimisch, nicht sicher auf der Straße fühlt, sondern eher herumschaut, probiert, als zum Herumlaufen Lust hat.

Lassen wir es in der Richtung, die es will, wie es will, langsamer oder schneller gehen, stehen bleiben, sich für etwas interessieren – so, wie es *ihm gefällt*. Die Kinder legen anfangs einen fünf Minuten langen Weg in zwei Stunden zurück. Für uns ist das schwer – doch seien wir geduldig. Tut das Kind aber etwas, was man nicht tun darf, was »nicht erlaubt« ist, muss man dies verhindern und immer wieder erläutern, dass es das nicht tun und warum es das nicht tun soll. Hört es nicht auf uns, dann setzen wir es zurück in den Wagen oder nehmen es auf den Arm und tragen es nach Hause.

Freilich müssen wir dem Kind mehr Aufmerksamkeit widmen, wenn wir es sich frei bewegen lassen. Wir müssen ihm alles erklären, für was es sich interessiert. Der Spaziergang wird so für beide, für Mutter und Kind, angenehmer, unterhaltsamer. Allerdings kann man dabei nicht Auslagen besichtigen, nicht mit Freundinnen plaudern und so weiter. Es ist aber der Mühe wert. Das Kind lernt dabei vieles, fühlt sich wohl und lernt auf diese Weise am besten sich der Verkehrsordnung anzupassen und auf sich achtzugeben. Erziehen wir also das Kind auch auf der Straße nicht anders als zu Hause. Auf der Straße ersetzt der Kinderwagen das Zimmer oder den Spielplatz des Kindes. Wenn es nicht gelingt, uns verständlich zu machen, setzen wir es in den Wagen. Ist es sehr unruhig, nehmen wir es schnell nach Hause, wie schön auch das Wetter sei!

Das unruhige, »sich schlimm aufführende« Kind nach Hause zu nehmen ist schon deshalb ratsam, weil wir dadurch vermeiden, auf der Straße Aufsehen zu erregen. Auf der Straße oder wo immer Fremde auch dabei sind, die sich in die Angelegenheiten von uns beiden einmischen könnten – provozieren wir keine Szenen. Weder für uns noch für das Kind wäre das gut. Die Gegenwart anderer, Fremder stört uns ebenso wie das Kind. Wir alle kennen solche oder ähnliche Szenen: Das Kind schreit auf der Straße. Die Mutter spricht ruhig zu ihm, sie ist an solche Äußerungen des »Unwillens« gewöhnt, weiß, worum es sich handelt. Aber die anderen wissen es nicht: »Die Polizei wird dich abholen!« – »Böses Kind!« Es fliegen nur so die Drohungen und Verbote seitens der Vorbeigehenden – und sie sind nicht nur gegen das Kind gerichtet: »Hauen sie ihm ein paarmal auf seinen Hintern, gleich wird es aufhören!« oder »Armes Kind, hat dir jemand etwas zuleid getan? Schlimme Mutti! Böse Mutti!« – Noch heftiger sind die Angriffe, wenn das Kind etwa anfängt, auf die Straße zu stampfen, oder sich auf den Boden wirft! Vermeiden wir möglichst solche Szenen. Geraten wir aber doch in den Sturm der Bemerkungen der Vorbeigehenden, versuchen wir – so peinlich für uns die Bemerkungen auch sind – höflich zu bleiben und ruhig, freundlich, taktvoll die gegebene unangenehme Situation zu lösen. Es soll sich keine feindliche Atmosphäre um die Mutter auf der Straße bilden. Wenn *nur* die Mutter verständnisvoll ist und alle anderen feindlich sind, dann kann sich das Kind in der Außenwelt nicht sicher fühlen.

Die oben beschriebene und mit einigen Beispielen veranschaulichte Methode ist einfach, natürlich, handgreiflich. Doch pflegen die Eltern im Allgemeinen nicht so vorzugehen. Ich schildere einige unrichtige Erziehungsmethoden oder Situationen.

Es ist nicht richtig, wenn man dem Kind nicht verbietet, was verboten ist, sondern die Aufmerksamkeit des Kindes »ablenkt« und dann für das Kind *unbemerkt* den Gegenstand wegnimmt oder das Kind woanders hinträgt. Wir erreichen dabei zwar, was wir wollten: Den zerbrechlichen oder gefährlichen Gegenstand haben wir entfernt, ohne dass das Kind deswegen protestiert oder geweint hätte. Aber wir beschwindeln zugleich das Kind, das aus allem, was so mit ihm geschieht, gar nichts lernt. Es lernt nicht, was es nicht in die Hand nehmen darf, noch weniger, warum es das nicht soll. Konflikte entstehen so tatsächlich nicht, man erreicht aber auch nicht, dass das Kind sich der Welt anzupassen lernt. Wir lenken so die Aufmerksamkeit des Kindes von allem ab, was nicht erlaubt ist, und erreichen, dass – obwohl es in der Gemeinschaft lebt und nichts verübt, was nicht üblich oder verboten ist – alles nur Schein ist. Das Kind selbst weiß von alldem nichts. Es ist ein passiver Teilnehmer des ganzen Theaters, aktiv sind die Mutter, die Personen seiner Umgebung. Das Kind wird auf diese Weise noch mehrere Jahre nicht damit im Klaren sein, was möglich ist und was nicht; es glaubt, es sei ihm alles erlaubt, es gebe keine Gefahren und anpassen müsse es sich an gar nichts und an niemanden. Je vollkommener dieses »Ablenken« gelingt, desto später kommt dem Kind die Wahrheit zum Bewusstsein und desto heftiger wird der Zusammenstoß zwischen dem Kind und dem wahren Leben sein. Erstaunen und Verblüffung wird es in ihm hervorrufen, wenn es einmal doch wahrnimmt, dass man etwas aus seiner Hand wegnimmt oder etwas nicht ganz so geschieht, wie das Kind es haben möchte. Man kann ja seine Aufmerksamkeit nicht immer ablenken. Früher oder später zerbricht etwas in seiner Hand, früher oder später fällt das Kind von irgendwo herunter und stößt sich an und so weiter. Da wird es enttäuscht, wird zornig entweder auf den betreffenden Gegenstand oder auf die Mutter, und das eigentlich mit Recht. Unverständlich ist es ihm, dass die Gegenstände gewisse Eigenschaften haben, die nicht verändert werden können, und dass die Erwachsenen, die Mitmenschen auch Wünsche haben. Diese Kinder passen sich später meistens nur schwer der Gemeinschaft an. Ständig sind sie beleidigt, dass nicht alles ihrer Vorstellung entsprechend verläuft.

Wir dürfen also das Kind nicht »ablenken«. Verdecken wir nicht die Wirklichkeit vor ihm, erziehen wir es nicht in einer Traumwelt, muss es doch gerade die wirkliche Welt durch unsere Erziehung kennenlernen.

Es ist nicht richtig, mit falschen Erklärungen das sich an der Realität stoßende Kind zu »beruhigen«, es von der Wirklichkeit zu »verschonen« und die echten Zusammenhänge zu verfälschen … Stößt es sich am Tisch an, ist nicht der Tisch schuld daran: »Böser Tisch«, »böser Stuhl«, »böses Messer«, hört man oft die Mutter beschwichtigend sagen. Wie sollte das Kind die kausalen Zusammenhänge herausfinden, wenn wir es irreführen? Anfangs schlägt es den Tisch, weil seine Mutter es das gelehrt hat; nicht viel später wird es in seinem Zorn auf die Mutter losgehen, wenn ihm infolge seiner Ungeschicklichkeit etwas Schmerzliches zustößt. Kein Grund für die Mutter zum Erstaunen, sie selbst ist schuld daran ... Warum hat sie das Kind irregeführt? ... Warum hat sie ihm nicht geholfen auf die echten Zusammenhänge zu kommen?

Es ist nicht richtig, wenn das zum Herumkriechen fähige Kind ständig frei in der Wohnung herumkriecht, zum Beispiel weil es nicht auf seinem eigenen Platz allein bleiben will oder weil es keinen eigenen Platz hat. Das ist schon darum nicht richtig, weil eine Wohnung für das Kleinkind tatsächlich viele Gefahren in sich birgt. Die Eltern haben weder Zeit noch Lust, ständig auf das Kind achtzugeben. Dies führt früher oder später zu Zusammenstößen. Keinesfalls dürfen wir ihm den Eindruck vermitteln, dass ein Erwachsener oder ältere Geschwister nichts anderes zu tun haben, als auf das Kleine achtzugeben, ihm nachzulaufen. Damit gewöhnen wir das Kleinkind daran, dass ihm ständig ein Erwachsener zur Verfügung steht – gerade das Gegenteil dessen, wozu wir das Kind erziehen wollen.

Es ist nicht richtig, das Kind so lange auf einem abgeschlossenen, abgesonderten Platz zu halten, bis es »klüger« wird, wenn man mit ihm schon reden kann, also bis zum Alter von zwei bis drei Jahren oder noch länger.

Anfangs – von einem dreiviertel Jahr bis eineinhalb oder zwei Jahren – experimentiert das Kind mit allem; alles ist unbekannt für es. Die Bewältigung von Schwierigkeiten gehört zu seinem Alltagsleben. Solange es sich mit seinem eigenen Körper, mit seinen eigenen Bewegungen, mit immer weiteren Gegenständen beschäftigt, ist es natürlich für das Kind, auf Schritt und Tritt unerwarteten Schwierigkeiten zu begegnen, die es ständig erfahren und ausprobieren muss. Für das Kind ist das alles erfreulich, vergnüglich. Deswegen ist es vorteilhaft, das Kind in dieser Periode – noch in der ersten Zeit der Versuche –, in die weitere Umgebung einzuführen. Ist es doch in dieser Periode für das Kind nicht so schwer zu ertragen, wenn etwas nicht gelingt, oft denkt es gar nicht an ein zu erwartendes Resultat – es probiert einfach. Das Kind wird auch furchtsam, schüchtern, misstrauisch, wenn wir es in seinem herumkriechenden, später im beginnenden Laufalter immer nur auf einem begrenzten Platz halten, es nie frei herumkriechen, herumlaufen lassen. Das aber wollen wir keinesfalls.

Es ist nicht richtig, dem Kind anfangs vieles zu erlauben, was verboten werden müsste. Die Eltern erlauben dem Kind anfangs oft vieles, weil es »so süß ist«, oder »weil das Kind es ohnehin noch nicht versteht« – oder weil sie Zusammenstöße scheuen, nicht wollen, dass das Kind zu weinen anfängt. Sie denken, dass sie »später«, »wenn das Kind klüger wird«, die Verbote allmählich einführen werden. So spielt sich gerade das Gegenteil dessen ab, was wir vorher beschrieben haben. Anfangs »darf man alles«, und das Kind findet das natürlich. Die Familie jedoch kann sich nicht auf immer darauf einrichten, dass das Kind die Bücher zerreißt, die Tischdecke herunterzieht, die zerbrechlichen Sachen zerbricht. Einmal fangen die Eltern doch an, die Verbote Schritt für Schritt einzuführen. Verbote schrittweise einzuführen bedeutet aber in der Praxis, dass sobald das Kind an ein neu eingeführtes Verbot sich anpasst, die Eltern gleich das schon längst fällige folgende Verbot in Kraft setzen wollen. Das Kind wird unsicher, es macht die Erfahrung, dass die Eltern, je besser es sich anpasst, ihm desto weniger erlauben. Kein Wunder, wenn es unter diesen Umständen früher oder später nicht mehr versucht zu gehorchen. Es hört die Verbote einfach nicht. Je größer und gescheiter es wird, desto gleichgültiger überhört es, was die Eltern ihm verbieten, und macht weiter alles so, wie es ihm gefällt.

Also: Vom frühesten Anfang an müssen wir entscheiden, was wir erlauben wollen und was nicht, die Grenzen für das Kind festsetzen. Falls wir die Grenzen nicht zu eng setzen und geduldig, aber konsequent bleiben, wird das Kind früher oder später lernen und akzeptieren, was tabu ist. Inzwischen wird es geschickter, versteht immer mehr, kann immer besser auf sich und auf alles, was in seine Hände gerät, achtgeben. Dann darf es schon mehrere Sachen anfassen, darf auch solche Gegenstände in die Hand nehmen, die es früher nicht durfte, also je mehr es sich anpasst, umso mehr Freiheit können wir ihm gewähren. Allmählich muss man immer weniger um die wertvolleren Gegenstände, die Einrichtung des Wohnzimmers und so weiter besorgt sein. Immer weniger muss man sich um des Kindes körperliches Wohl ängstigen. So werden die Schranken umso weniger, je mehr es heranwächst.

Bis jetzt sprachen wir hauptsächlich von Möbeln, Büchern, Gefahren und so weiter, also von Situationen, Gegenständen, in denen das Kind Schaden anrichten oder durch die es Schaden erleiden könnte. Jedoch gerät das Kind nicht bloß dann in Zusammenstoß mit der Welt, wenn es wertvolle Sachen beschädigt, wenn es den heißen Ofen berührt, wenn es von einer zu großen Höhe hinunterfällt. In der Welt gibt es nicht nur Gegenstände, sondern auch Menschen. Das Kind muss es als erste und wichtigste, immer und überall gültige Regel lernen und akzeptieren: Man kann und darf nichts tun, was anderen Menschen unangenehm, unerträglich, schmerzlich ist, mit einem Wort: Man muss auf andere Rücksicht nehmen.

Was kann man von einem Kind in diesem Übergangsalter erwarten? Anfangs nur, was unbedingt notwendig ist.

Das Kind muss zunächst in dieser Hinsicht, wenn es sich im Familienkreis befindet, hauptsächlich lernen, dass es nicht eine einzelne Person für sich allein in Anspruch nehmen kann. Es kann spielen, auf seine eigene Art sich anschließen, aber nur als ein Mitglied des Familienkreises und nicht als Mittelpunkt. Darauf soll beim Übergang Wert gelegt werden. Die Kinder fordern oft, dass Fremde den Raum verlassen sollen oder die Eltern nicht miteinander plaudern sollen, wenn sie dort sind. Sie wollen, dass alle nur ihnen zuhören, auf sie schauen, sich mit ihnen beschäftigen. Unsere Aufgabe ist, das Kind früh zu lehren, dass die Eltern nicht ausschließlich ihm gehören und dass es nicht der ständige Mittelpunkt ihres Interesses sein kann. Es muss seine Eltern mit der Außenwelt teilen. Die Mutter bittet das Kind, während sie mit jemandem spricht, arbeitet und so weiter, allein zu spielen. Wenn notwendig, nimmt sie es eventuell auf ihren Schoß, lässt es so fühlen, dass sie zusammengehören. Ab und zu antwortet sie ihm. Aber wenn das Kind ein derart geteiltes Interesse auf keine Weise dulden will, dann muss man es auf seinen eigenen Platz zurückbringen. Dies ist einfach, wenn das Kind einen eigenen Spielraum hat. So wird es früher oder später lernen, dass es die Mutter nicht stören darf, wenn andere anwesend sind. Nur wenn andere nicht zugegen sind, gehört ihm die Mutter ausschließlich, wenn sie im Übrigen frei ist. Jedenfalls müssen wir die Ansprüche des Kindes insofern berücksichtigen, dass wir das intime Zusammensein mit ihm nicht zu kurz bemessen und, wenn wir dem Kind allgemein nicht genug freie Zeit widmen können, wir möglichst eine Beschäftigung, wie Nähen, Stricken, in Gegenwart des Kindes suchen, die uns nicht vollkommen in Anspruch nimmt.

Auf dem Gebiet der Anpassung achten die Mütter leider oft nicht auf das Wesentliche. Dieselbe Mutter, die um jede »Begrüßung« Szenen macht, die das Kind zu jeder Höflichkeitsformel – vom Handreichen bis zum Bedanken – mit den energischsten Mitteln zu erziehen versucht, die fordert, dass das Kind »ruhig«, »ordentlich« neben ihr sitzt, bemerkt es nicht und duldet es, dass das Kind sie zwar unter höflichen Bedingungen, doch keinen Augenblick in Ruhe lässt, wenn sie mit jemand anderem redet, sich auch mit etwas anderem beschäftigen will. Das Kind sitzt scheinbar gehorsam, »still« neben seiner Mutter, doch äußert es entweder in einem fort seine Bedürfnisse (»Ich muss Pipi machen« – »Ich bin durstig« – »Mir ist warm« –»Es ist kalt« und so weiter) oder stellt dauernd Fragen, nicht weil es sich für etwas wirklich interessiert, hört es doch gleich mit dem Fragen auf, sobald die Mutter sich nur ihm zuwendet, sondern um die Mutter – wenn auch in höflicher Form – nicht in Ruhe zu lassen. Es ist unverständlich, warum das für die Mutter »besser« ist, warum dies sie weniger »nervös« macht, als wenn das Kind frei, glücklich im Zimmer spielt, eventuell hie und da etwas der Mutter zeigt, während diese in normaler Atmosphäre ruhig mit dem Vater, mit Freunden, Freundinnen plaudert. Ich möchte die Eltern überzeugen, dass diese letztere Situation viel leichter zu erreichen ist als die früher geschilderte und im Laufe der Entwicklung die letztere viel eher zu einer guten Beziehung zwischen der Welt der Kinder und der Erwachsenen führt als die andere.

Wir können im Allgemeinen den Kindern in Situationen, in denen ihr Verhalten uns stört, ruhig Schranken setzen. Bemessen wir aber unsere Ansprüche immer ihnen entsprechend. Wollen wir doch nicht in diesem Alter schon vollkommen wohlerzogene, kleine Erwachsene aus den Kindern formen!

Wir müssen zur Kenntnis nehmen, dass auch die »friedlich« spielenden Kleinkinder sich viel mehr bewegen, viel lauter sind als Erwachsene. Auch zügeln sie ihre Affekte viel weniger, sie schreien zornig, wenn ihnen etwas nicht gelingt, oder jauchzen laut, wenn es gelingt. Ein andermal beginnen sie vor Kummer ihren Finger zu lutschen, weil ihnen etwas misslang. Auf diese Erregungskundgebungen, Trosthandlungen muss das Kleinkind natürlich mit der Zeit auch verzichten. Jedoch fangen wir das Hinüberleiten in die Gemeinschaft nicht damit an, dass wir ihm alles verbieten. Besonders nicht, wenn das Kind sich im engsten Familienkreis befindet! Lassen wir ihm in der ersten Zeit die Möglichkeit solcher Kundgebungen. Freilich gibt es Ausnahmesituationen, in denen wir schon vom ganz kleinen Kind eine gewisse Selbstbeherrschung verlangen müssen. Zum Beispiel, wenn jemand sich nicht wohlfühlt in der Familie oder durch den Lärm in seiner Arbeit gestört wird, oder wenn die Mutter gerade nervös ist und mehr Ruhe haben möchte, oder wenn Freunde kommen, die der »Kinderlärm« stört. In solchen Fällen bittet die Mutter das Kind, so lieb zu sein, sich ruhiger zu benehmen. Natürlich erklärt sie auch, warum. Wenn das Kind aber trotz mehrerer Ermahnungen nicht darauf verzichten kann und viel zu laut ist oder viel zu lebendig bleibt, dann muss sie das Kind auf seinen Platz bringen, wo es tun kann, was es will. Natürlich ist das schwer, wenn sein »eigener Platz« in demselben Raum ist, darum soll man womöglich einen Spielwinkel für das Kind außerhalb des Wohnzimmers finden. Die meisten Eltern gewöhnen sich übrigens mit der Zeit dermaßen an den »normalen Kinderlärm«, dass sie ihn früher oder später gar nicht mehr hören, nicht bemerken. So ist das auch in Ordnung.

Da es auch bei geduldigen Eltern Unwillen auslöst, wenn ihr Kind stampft, sich auf den Boden wirft, seinen Kopf in seiner Wut an die Wand oder auf den Boden schlägt, taucht die Frage auf: Ist es richtig, auch dabei dem Kleinkind gegenüber Nachsicht zu üben? Gehört das auch zum Kinderlärm, zur Lebendigkeit? Nicht ganz! Lassen wir unsere Kinder trotzdem ruhig in unserer Gegenwart stampfen, wenn wir eben nicht sehr nervös sind oder wenn ein nicht zur Familie gehörender Fremder dadurch nicht gestört wird. Im andern Fall müssen wir das Kind aus dem Raum entfernen.

Ein Kind, das aus irgendeinem Grund sowieso schon verärgert oder verzweifelt ist, soll man möglichst sich ruhig austoben lassen. Das zornige Stampfen ist für das Kind auch nicht angenehm, aus bloßem Vergnügen stampft es nicht, wirft es sich nicht auf den Boden. Das soll aber nicht bedeuten, dass man ihm nachgeben, ihm zum Beispiel den Gegenstand überlassen soll, um dessentwillen es stampft. Erhält das Kind durch dieses Verhalten, was es wünscht, wird es später, auch ohne zornig zu sein, einfach um seiner Forderung mehr Nachdruck zu geben, derartige Szenen machen. Wir müssen uns aber vor Augen halten, dass die häufigen Wutausbrüche, zorniges Stampfen immer im Zusammenhang mit dem allgemeinen Zustand des Kindes stehen. Je gereizter das Kind ist, desto öfter stampft es. Wollen wir also, dass das Kind seltener stampft, dann fangen wir nicht an, es während des Stampfens zu erziehen, sondern suchen wir den Grund, die wirkliche, im Hintergrund verborgene, wahre Ursache seiner Gereiztheit, und schaffen wir sie ab. Sehen wir doch solche Erscheinungen bei Erwachsenen auch. Der Vater nörgelt beim Abendessen, nichts ist ihm recht. In der Regel ist er schon gereizt nach Hause gekommen, weil er tagsüber Unannehmlichkeiten hatte. Jede Frau kennt solche Reaktionen bei ihrem Mann genau. Ebenso ist in der Regel bei den Kindern auch nicht der unmittelbar auslösende Anlass die wahre Ursache, wenn es durch stets geringere Ereignisse zum Stampfen veranlasst wird. Die wahren Ursachen liegen tiefer: Sie sind in der Beziehung zwischen Mutter und Kind, im gesundheitlichen Zustand des Kindes unter anderem zu suchen. Bei übermüdeten, erschöpften, aufgeregten Kindern kommt Ähnliches sehr oft vor.

Wenn wir das Kind in derartigen Szenen anschreien, wenn wir es verprügeln, wird es dadurch weder ruhiger noch zufriedener. Wenn wir anstatt der wirklichen Ursache das Symptom beseitigen (wenn es überhaupt gelingt, das Schreien und Stampfen mit gewaltsamen Mitteln abzustellen), dann wirkt die das Symptom auslösende Ursache weiter und wird zu neuen Symptomen führen. Vielleicht bleibt das Kind »weg« (es hält den Atem an bis zur Bewusstlosigkeit), oder es wird dauernd »quengeln« oder in einem fort weinerlich sein, »nicht essen« und so weiter. Wer weiß, was die Zukunft statt des bisherigen Stampfens bringt? Frieden auf keinen Fall!

Auf ein ähnliches »Symptom« möchte ich noch hinweisen. Im Allgemeinen gefällt es uns nicht, wenn die Kinder im Familienkreis oder in einem anderen Kreis stundenlang in einer Ecke sitzen, sich schaukeln, ihren Finger lutschen, sich von der Welt abwenden. Auch dies tun sie meistens, wenn ihr Allgemeinbefinden nicht gut ist. Sie haben Angst, sind hungrig, schläfrig oder traurig. Helfen wir ihnen. Nicht, um sie zu »erziehen«, sondern weil das Sich-Zurückziehen der Ausdruck irgendeiner Unannehmlichkeit, Unzufriedenheit, Traurigkeit ist. Wenn das Kind schläfrig oder müde ist, legen wir es hin; ist es hungrig, geben wir ihm zu essen. Wenn wir dagegen sehen, dass das Kind bei jeder geringen Schwierigkeit im Fingerlutschen Trost sucht, wenn es im Allgemeinen nicht spielt und so weiter, dann müssen wir die Ursache herausfinden, die seinen schlechten Zustand verursacht. So, wie wir uns bei dem oft vorkommenden Stampfen auch bemühen müssen, die wahren, inneren Ursachen zu ändern.

Nicht *gegen* das Kind, ihm feindlich gegenüberstehend, sondern ihm beistehend, ihm helfend, *gemeinsam mit ihm* müssen wir die schwere Aufgabe des Übergangs vom Säuglingsalter zum Kleinkindalter lösen. Wenn uns dies gelingt, erzieht sich das Kind beinahe von selbst weiter. Fühlen sich die Kinder in der Welt wohl, haben sie gute Beziehungen zu ihren Eltern, dann wünschen sie immer mehr, ihnen ähnlich zu werden. Dann – ohne dass wir besonderes Gewicht darauf legen – ahmen sie unser gutes Benehmen nach; in allem, vom einfachen Takt bis zu den feineren Höflichkeitsregeln. Mit langsamer, allmählicher Entwicklung, ohne besonderen Unterricht, und allein aufgrund unseres Beispiels passen sie sich zunehmend der Ordnung der Familie, der Gesellschaft an. Freilich erwarten die Eltern vergeblich, dass das Kind höflich und wohlerzogen wird, wenn sie anderen gegenüber selbst taktlos, unhöflich, grob sind. Das bedeutet nicht, dass wir es nicht auf die Regeln des Benehmens aufmerksam machen, diese eventuell in spielerischer Form mit ihm üben (»Bitte-danke«-Spiel).

Auf das Übergangsalter beziehen sich in erhöhtem Maße die schon so oft bei der Säuglingserziehung betonten Hinweise: Forcieren wir nichts! Das Wichtigste ist nie, *wann* das Kind in der Familie oder auf der Straße sich frei zu bewegen anfängt. Wichtig ist, dass es, wenn auch langsam, im Schneckentempo, jedoch stufenweise fortschreitet, dass es Schritt für Schritt die Anpassung an die reale, an die wahre Welt erlernt. Seien wir mit dem Kind auch auf diesem Gebiet nicht ungeduldig. Vergleichen wir nicht unser Kind mit dem der Nachbarn oder der Verwandten, dass es zum Beispiel im Alter von zwei bis drei Jahren »schon« allein einkaufen geht. (Wieder die alte Weise: »Kann mein Kind dies auch schon?«) Wir erziehen nicht die Kinder der Nachbarn und auch nicht die Kinder der Verwandten, sondern unser eigenes Kind. Messen wir nicht die Entwicklung unseres eigenen Kindes am Kinde von anderen. Drängen wir es nicht. Damit »helfen« wir ihm nicht. Ich wiederhole es abermals: Es ist nicht nur wichtig, dass ein Kind diese oder jene Entwicklungsphase erreicht, sondern ebenso wichtig für seine Entwicklung ist, dass es selbstständig, mit seiner aktiven Mitwirkung zu den einzelnen Stufen seiner Entwicklung gelangt. Jeder Schritt, den das Kind selbstständig macht, erleichtert den nächsten. Langsam, behutsam, geduldig, mit Liebe kann man jedes Kind ohne größere Zusammenstöße in die Welt der Erwachsenen einführen.

Ein empfindlicheres, unruhigeres Kind beansprucht mehr Geduld als ein ruhigeres, sich leichter anpassendes Kind, das die Schranken unwillkürlich respektiert und die nötigen Beschränkungen leichter versteht und erträgt. Bei solchen Kindern geht alles viel schneller. So gibt es Kinder, die um das zweite Jahr herum sich schon ganz frei und sicher in der Welt bewegen, aber es gibt auch Kinder, die erst im Alter von ungefähr drei Jahren diese Sicherheit erreichen.

Das Kind, das schon gehen, laufen kann, an die Welt sich entsprechend angepasst hat, hilft eventuell in der Frühe – vor dem Spiel im Freien oder dem Spaziergang – beim Aufräumen, dann beim Einkaufen. Im Allgemeinen sind diese Kinder sehr hilfsbereit, haben sie doch schon fast seit ihrer Geburt geholfen … und hatten Freude am Helfen, zum Beispiel beim Schuhausziehen, Sich-Waschen und so weiter. – Dies kann man ihnen auch erlauben, wenn sie bei der Arbeit nicht zu sehr stören. Allmählich schrumpft so die Zeit des Alleinspielens auf einen Teil des Nachmittags zusammen, und der Schlaf nimmt auch noch etwas weg davon.

Zusammenfassung: Während das Kleinkind wächst, sich entwickelt, muss es sich immer mehr an die Welt und den Menschen anpassen. Das bedeutet für das Kind eine neue Belastung, eine schwere Aufgabe. Fordern wir von ihm – gerade deswegen – nie mehr, als was unbedingt notwendig ist.

Das Kind soll mit der Wohnung bekannt werden, wenn es sich auf seinem eigenen Platz schon gut auskennt. Überlassen wir ihm auch auf diesem Gebiet die Initiative.

In der Wohnung sieht das Kind viele neue, interessante Dinge, doch begegnet es auch vielen Verboten. Erklären wir ihm gleich am Anfang, was und warum es verboten ist, und verhindern wir, dass es etwas tut, was man »nicht darf«. Geben wir ihm zu verstehen: Will es zwischen den Erwachsenen frei umhergehen, muss es gewisse Regeln einhalten, ansonsten überlassen wir es ihm, ob es diese Regel einhalten oder weiter an seinem bisherigen Platz bleiben will.

Das Kind muss auch verstehen, dass die von uns festgesetzten Bedingungen notwendig und richtig sind. Das kann es nur durch eigene Erfahrung lernen. Halten wir es nicht fern von der Wirklichkeit. Nur was das Kind in eigener Erfahrung gelernt hat, ist echtes Wissen. Man darf die Aufmerksamkeit des Kindes nicht »ablenken« von den Schwierigkeiten, weil es früher oder später ihnen doch ins Auge schauen muss. Versuchen wir nicht, erst nur weniger zu verbieten und später die übrigen Verbote stufenweise einzuführen, dadurch erschweren wir nur die Aufgabe für das Kind.

Das Kind muss sich nicht nur in der Welt der Möbel, der Gegenstände zurechtfinden, sondern auch unter den Menschen. Den meisten Kindern bedeutet das die größte Schwierigkeit. Solange es klein war und die Mutter zu seinem Bett kam, war sie mit ihm zusammen, um sich nur mit ihm zu beschäftigen (es trockenlegen, umziehen, füttern, beruhigen und so weiter). Doch wenn das Kind sich schon frei in der Wohnung bewegt, am täglichen Leben teilnimmt, kann es nicht mehr immer der ausschließliche Besitzer und der Mittelpunkt des Interesses der Mutter sein. Es muss »Bindungen« akzeptieren. Es muss das Interesse der Erwachsenen mit anderen teilen. Dulden wir nicht, dass das Kind uns dauernd stört, wenn andere zugegen sind.

Es ist eine große Belastung für das Kind von zwei bis drei Jahren, zu ertragen, dass die Eltern in seiner Gegenwart sich nicht nur mit ihm beschäftigen, sodass man anfangs von ihm nicht noch mehr verlangen kann. Auf das Übrige, zum Beispiel Taktgefühl, Höflichkeitsformen, machen wir es nur aufmerksam, es ahmt uns sowieso nach. In dieser Entwicklungsphase ist es besser, die spontanen Äußerungen dieser Art anzuerkennen, als Forderungen zu stellen.

2- bis 3-Jährige bekommen oft Wutanfälle, beginnen zu stampfen, sich auf den Boden zu werfen, manchmal ziehen sie sich in einen Winkel zurück und suchen Trost im Lutschen, besonders wenn sie unzufrieden oder traurig sind. Seien wir in solchen Fällen nicht schroff oder gewalttätig ihnen gegenüber.

Ermitteln wir, was den schlechten Zustand des Kindes verursacht, und versuchen wir diese Ursache zu beheben.

Drängen wir das Kind auch diesbezüglich nicht, versuchen wir nicht, die soziale Entwicklung des Kindes, seine Anpassungsfähigkeit an die Welt und an die Menschen zu beschleunigen.

Unser Leitwort sei nicht: »Kann mein Kind das auch schon?«, sondern beobachten wir, wie es sich in der Welt fühlt und was es zu meistern fähig ist. Geduldig und behutsam leiten wir das Kind mit viel Liebe auf dem Weg, der aus dem Säuglingsalter in die Welt der größeren Kinder und der Erwachsenen führt.

Abschließende Bemerkungen

Ich weiß wohl, dass dieses Buch nicht vollständig ist. Der Verlauf der Entwicklung bildet ein organisches Ganzes, ich aber habe nur einige Momente ausgewählt. Vieles kam nicht zur Sprache. Bei der Auswahl der Thematik leiteten mich praktische Gesichtspunkte. Ich versuchte Problemgruppen zu erörtern, in deren Zusammenhang die Eltern, meiner Erfahrung nach, aufgrund ihrer Ungeduld und ihres Unverständnisses die meisten und häufigsten Übel verursachen. Dagegen habe ich das, was ich für wichtig erachte, bewusst und fast mit den gleichen Ausdrücken laufend wiederholt, weil ich überzeugt bin, dass diese Gesichtspunkte gar nicht oft genug wiederholt, nicht genügend betont werden können.

Für die Ernährung des Säuglings und des Kleinkindes gelten genau dieselben Grundsätze wie zum Beispiel für die Bewegung und die Sauberkeit. Also: einerseits das Kind gut versorgen, andererseits es sorgsam, geduldig beobachten und sich nach ihm richten. Alles nicht gegen es, sondern mit ihm zusammen, im Einverständnis mit ihm, mit seiner Einbeziehung vornehmen, Schritt für Schritt vorwärtsschreitend.

Ich gestehe, manchmal stelle ich mir die Frage, wie verwirklichen wohl meine Leser in der Praxis, was sie hier lesen?

Es ist sehr schwer, Erziehungsrichtlinien zu geben.

Wie oft hören wir in Gesellschaft jemanden einen ausgezeichneten Vortrag über die richtige Erziehung halten. Aber wenn wir die vortragende Person näher betrachten, der Sache ein wenig nachgehen, finden wir zu unserer größten Überraschung, dass das, was sie sagt, und das, was sie mit dem Kind tut, ganz und gar nicht übereinstimmt. Das Traurigste dabei ist, dass sie dieses meistens gar nicht bemerkt. Mit vollkommener Gutgläubigkeit denken und handeln die Menschen oft auf zweierlei Weise und sehen den Gegensatz zwischen

Theorie und Praxis nicht. Zum Beispiel: Es gibt Mütter, die behaupten, dass sie ihre neugeborenen Kinder »nie zwischen den Mahlzeiten aufnehmen«, »sie ruhig weinen lassen«. Mit Empörung hört man diese Unbarmherzigkeit an. In der Praxis aber stellt es sich oft heraus, dass diese Mütter nur glauben, dass sie das Kind weinen lassen. Tatsächlich aber werden sie sehr nervös, sobald sie das Kind weinen hören. Am liebsten würden sie es sofort auf den Arm nehmen, aber sie haben »Prinzipien«, also warten sie. Warten eine halbe Minute oder eine Minute, eventuell noch eine viertel Minute, mit größter Selbstüberwindung vielleicht noch ein paar Augenblicke. Doch nach ein bis zwei Minuten scheint es ihnen, dass Stunden vergingen und das Kind noch immer weint. »Armes Kind! Das ist kein normales Weinen mehr, das ist schon etwas Ernstes.« Sie laufen zum Kind, und voll Angst nehmen sie es auf.

Dagegen bin ich sehr oft Müttern begegnet, die mit Worten gerade das Gegenteil betonen; sie erklären, dass sie ihr Kind nie weinen lassen. In der Praxis geschieht aber auch hier etwas anderes: Im Prinzip geht die Mutter »gleich« zu dem Säugling, aber erst lauscht sie ein wenig, »vielleicht hört er auf«. Es vergehen fünf Minuten, dann »strickt sie die Nadel noch zu Ende« oder »beendet einen Abschnitt im Buch«. Endlich steht sie schön langsam auf, unterwegs ordnet sie die Tischdecke … das Weinen erregt sie nicht, sie eilt nicht, nur theoretisch hilft sie »gleich«, aber bis das »gleich« erfolgt, sind zehn bis fünfzehn Minuten vergangen, und das Kind hat, wenn keine ernste Ursache zum Weinen vorlag, schon längst damit aufgehört.

Viele Missverständnisse entstehen daraus, dass man starr den Ratschlägen folgen will. Oft sehe ich in der Wirklichkeit das Zerrbild dessen, was theoretisch richtig war. Nicht Dogmen möchte ich die Eltern lehren. Nicht auf Worte, auch nicht auf einzelne Prinzipien kommt es an. Man darf den Instruktionen nicht ohne vollständiges Verständnis, ohne Einfühlung folgen.

Wenn die Erziehung im Großen und Ganzen von einem entsprechenden Geist durchdrungen ist, können die hie und da begangenen Fehler nicht von entscheidender Bedeutung sein. Wichtig ist, dass wir das Wesentliche uns aneignen. Das Wesentliche ist: *Beobachte! Lerne dein Kind kennen! Wenn du wirklich bemerkst, was es nötig hat, wenn du fühlst, was es tatsächlich kränkt, was es braucht, dann wirst du es auch richtig behandeln, wirst du es richtig lenken, erziehen.*

Nachwort

Dieses Buch erschien im Jahre 1940 zum ersten Mal. Der größte Teil der Bilder ist identisch mit den Bildern der ersten Ausgabe, ein geringerer Teil erschien erst in der ungarischen Ausgabe von 1946 beziehungsweise in der französischen von 1951. Die auf den Bildern sichtbaren Kinder sind inzwischen aufgewachsen und mit ihnen zugleich eine Reihe im Buch nicht vorkommende, auf ähnliche Weise erzogene Kinder. Das Schicksal der Mehrzahl dieser Kinder habe ich verfolgen können. Ich folgte ihrem Lebensgang, ihrem Verhalten in der Schule. Ich sehe sie mitunter auch heute als Eltern ihrer Kinder, als berufstätige Erwachsene.

Meiner Erfahrung nach haben diese Kinder die an ihre Erziehung geknüpften Erwartungen erfüllt. Viele unter ihnen betreiben abstraktes Denken erfordernde intellektuelle Berufe.* Im Allgemeinen wurden aus ihnen verständige, sich gut anpassende, ihren Eltern und später ihren Kindern zugetane, aber nicht an ihnen klebende, gute Kinder, Familienmütter und -väter.

Obwohl die meisten unter ihnen von ihren Familien liebevoll und mit Geduld versorgt wurden, ist es doch kein Zufall, dass die Familien hierzu fähig waren. Unter anderem waren sie dazu fähig, weil die Erziehung der Kinder die Familien nicht zu sehr belastet hat.

Wenn es wahr ist – und heute ist dies die herrschende Auffassung –, dass die Art der Erziehung der ersten Jahre, die ersten Erfahrungen des Kindes, seine ersten Erlebnisse von entscheidender Bedeutung für seine Zukunft sind, dann müsste sich die positive oder negative Wirkung einer von der üblichen abweichenden Methode der Säuglings- und Kleinkinderziehung später an der Mehrzahl der betreffenden Kinder zeigen.

* Unter den im Buch vorkommenden 29 Kindern haben 19 Universitäts- oder Hochschulstudien absolviert. Zurzeit arbeiten sieben von ihnen in theoretischen Forschungsinstituten oder auf Universitäten als Mathematiker, Physiker, Ingenieur beziehungsweise. Arzt.

Bei diesen Kindern war die Nachwirkung positiv.

Vielen dünkte eine Erziehung grausam, die die Verrichtung gewisser Aufgaben von Anfang an den Kindern überließ. Auch fanden es viele sonderbar, dass man die Kinder zwar liebevoll versorgte und jede Familie sie auch ihrem eigenen Temperament entsprechend liebkoste, sie aber nicht von früh bis spät in den Armen hielt, nicht versuchte, ihre Entwicklung zu beschleunigen, und dass diese Kinder einen ziemlich großen Teil des Tages selbstständig, allein spielend verbrachten.

Sie selbst erinnern sich aber als Erwachsene an ihr Kleinkindalter als an eine angenehme, glückliche Periode ihres Lebens. Sie möchten auch ihre Kinder ähnlich erziehen. Das, was mit ihnen geschah, empfinden sie als natürlich. Sie glauben daran, dass dieser Weg dazu führt, ihre Kinder zu verständigen, glücklichen, sich gut einfügenden, zu liebesfähigen Menschen zu erziehen.

Einige Bemerkungen zu den Bildern

Mit einigen Illustrationen versuche ich für meine Leser fühlbarer und anschaulicher zu machen, was ich in den vorangehenden Kapiteln dargelegt habe.

Ich möchte zeigen, wie Kinder sich bewegen und spielen, die sich ihrem Interesse und jeweiligem Entwicklungsniveau entsprechend bewegen durften.

Am ehesten kann man die Bewegungsentwicklung auf Bildern festhalten. Deshalb bezieht sich vielleicht ein relativ großer Teil der Bilder auf die einzelnen Phasen der Bewegungsentwicklung. Allerdings habe ich gerade in dem die Bewegungsentwicklung betreffenden Kapitel die Leser darauf aufmerksam gemacht: auf den Bildern nicht bloß die Körperhaltung und die Bewegung, sondern in erster Linie jenen inneren seelischen Inhalt zu suchen – jenes ruhige, geduldige, aufmerksame Interesse, das selbstständige Streben –, den der Gesichtsausdruck und die Haltung der Kinder verraten.

Das eine oder andere der Kinder lacht in sich hinein oder lächelt auf den Bildern (zum Beispiel Bild 23), der Gesichtsausdruck der Mehrzahl ist aber eher nur heiter, ruhig, fröhlich, zufrieden (Bild 10, 11, 15). Auf einigen sieht man sogar auch einen ganz ernsten, »strengen« Gesichtsausdruck (zum Beispiel auf Bild 16 und 30). Der Arbeit, der Aufmerksamkeit, dem großen Interesse, dem Eifer entspricht der ernste oder höchstens der heiter, zufrieden lächelnde Gesichtsausdruck. Dies ist der Grund dafür, dass wir meistens diesen Ausdruck sehen.

Diese Aufnahmen sind, aus zwei bis drei Metern Entfernung, mit sehr viel Geduld gemachte Momentaufnahmen. Die Kinder wussten nicht, dass man sie fotografiert. Auch haben sie nicht bemerkt, dass der in ihrer Nähe sich aufhaltende Erwachsene sie beobachtet, und auch nicht, dass die Tätigkeit der Erwachsenen in irgendeinem Zusammenhang mit ihnen steht. Die Kinder wurden also nicht »eingestellt«. Niemand hat sie aufgefordert, gewisse Bewegungen zu machen, gewisse Lagen einzunehmen oder ihren Gesichtsausdruck zu ändern.

Negative, »abschreckende« Beispiele zeige ich nicht. Hauptsächlich deswegen nicht, weil solche im Allgemeinen nicht zu meiner Verfügung stehen. Auch den Eltern wäre es peinlich, wenn ich mich auf ihre Kinder als auf schlechte, abschreckende Beispiele berufen würde. Übrigens kann ein jeder selbst sehr viele abschreckende Beispiele finden, auf den Straßen, auf den Spielplätzen oder im Kreis von Nachbarn, Bekannten und Verwandten.

Das Alter der Kinder habe ich auf jedem Bild angegeben, weil es mir wichtig schien, zu zeigen, wie groß die Unterschiede in der individuellen Entwicklung sind. Diese sind bei Kindern, die man nicht zu verfrühten Leistungen drängte, noch größer als im Allgemeinen. Ich zeige Kinder, die früher als üblich, und andere, die viel später und in verschiedener Reihenfolge die einzelnen Stufen der Entwicklung erreichten. Das bedeutet jedoch nicht, dass das eine Kind »weiter wäre«, das andere »zurückblieb«. Nein. Jedes hier gezeigte Kind hat sich gleichmäßig, ruhig entwickelt, wenn auch der Verlauf, die Reihenfolge und das Tempo der Entwicklung verschieden war.

Bilderverzeichnis

Zur motorischen Entwicklung des Säuglings

IV. DAS SICH-AUFSETZEN

	Alter:	
Bild 24	9 Monate	Anfang des Sich-Aufsetzens
Bild 25	6 Monate	Auf dem halben Weg zum Sich-Aufsetzen
Bild 26	13 Monate	Sitzt (stützt sich noch mit dem Fuß)
Bild 27	15 Monate	Spielt sitzend
Bild 28	15 Monate	Sitzt schön (pfeilgerade)
Bild 29	1 Jahr	Sitzt, spielt mit den Füßen (eine besondere Leistung)
Bild 30	15 Monate	Noch eine Sitzart
Bild 31	1½ Jahre	Sitzt sicher

V. DAS SICH-AUFSTELLEN UND DER BEGINN DES GEHENS

	Alter:	
Bild 32	7 Monate	Stellt sich auf den Kopf (auf den Fuß)
Bild 33	11 Monate	Der Beginn des Aufstehens (auf allen vieren, nicht auf den Knien, sondern auf den Sohlen)
Bild 34	11 Monate	Ein Bein kniet, das andere steht auf der Sohle
Bild 35	11 Monate	Stellt sich auf beide Beine (stützt sich und hält sich fest)
Bild 36	1 Jahr	Steht, sich anlehnend
Bild 37	1 Jahr	Bückt sich aus aufrechter Stellung, sich haltend
Bild 38	13 Monate	Hockt, auf den ganzen Sohlen ruhend
Bild 39	11 Monate	Steht auf den Fußspitzen, sich anlehnend
Bild 40	15 Monate	Steht, ohne sich zu halten
Bild 41	15 Monate	Der erste Schritt
Bild 42–43	1½ Jahre	Fängt an zu gehen
Bild 44	2 Jahre	Auf der Treppe (vorsichtig, noch balancierend)
Bild 45	2 Jahre	Geht sicher und gut (auf einer Planke)

VI. KRIECHEN AUF DEM BAUCH, AUF ALLEN VIEREN, »TURNEN«

	Alter:	
Bild 46	9 Monate	Vorstufe des Kriechens auf dem Bauch
Bild 47	9 Monate	Kriecht auf dem Bauch
Bild 48	9 Monate	Kriecht auf dem Bauch
Bild 49	1 Jahr	Kriechendes Kind am Rand des Podiums
Bild 50	1 Jahr	Spielt auf allen vieren (auf den Knien)
Bild 51	1½ Jahre	Spielt kniend
Bild 52	15 Monate	Kriecht auf allen vieren im Bärengang (nicht auf Knien, sondern auf den Sohlen)
Bild 53	1 Jahr	Kriecht auf Händen und Füßen (die Treppe herunter, Kopf voran)
Bild 54	14 Monate	Kriecht auf allen vieren (die Treppe herunter, Füße voran)
Bild 55–59	2 Jahre	Klettert auf den Tisch, richtet sich oben auf
Bild 60	1½ Jahre	Im Fallen
Bild 61	2 Jahre	»Spiel«

Abbildungen

BILD 1
SECHS MONATE ALTER JUNGE
Ruhe

Liegt auf dem Bauch. Weich, bequem liegt er auf dem mit einer dünnen Flanelldecke bedeckten, sonst aber harten Holzpodium.
Man sagt von Kindern, besonders von Säuglingen, dass sie »süß« schlafen. Das ist aber nicht immer wahr. Die Kinder, sogar die Säuglinge sind in dieser Hinsicht nicht alle gleich. Viele unter ihnen muss man vor jedem Einschlafen wiegen, herumtragen oder längere Zeit hindurch zu ihnen reden, »ihnen erzählen«. Sie schlafen nur dann ein, wenn sie schon so schläfrig sind, dass sie einfach unfähig sind, ihre Augen offenzuhalten.
Das »nervöse«, unruhige Kind schläft schwer ein und schläft schlecht, unruhig, sich herumwälzend. Als würde in seinem Innern etwas gegen das Einschlafen protestieren – doch die Erschöpfung, die Schläfrigkeit ist stärker und »besiegt«, »überwältigt« gleichsam den inneren Widerstand. »Der Schlaf übermannt es.«
Dieses Kind wird nicht vom Schlaf »übermannt«. Es wurde ein wenig müde, schläfrig, ist am Einschlafen. Leicht und gern überlässt es sich dem Schlaf, als einem bekannten, angenehmen Zustand. Seine Augen sind schon geschlossen, seine Hand aber ist noch im Mund. Es lutscht seine Finger nicht mehr, hat sie eher nur dort vergessen – sie fielen noch nicht aus seinem Mund. Ruhig, glücklich überließ es sich dem Schlaf, wie einer, der weiß, dass ihm, ob wach oder im Schlaf, nichts Schlimmes zustoßen kann. Nur ein Kind, das mit sich selbst und mit seiner Umgebung in vollkommener Harmonie lebt, kann so einschlafen.

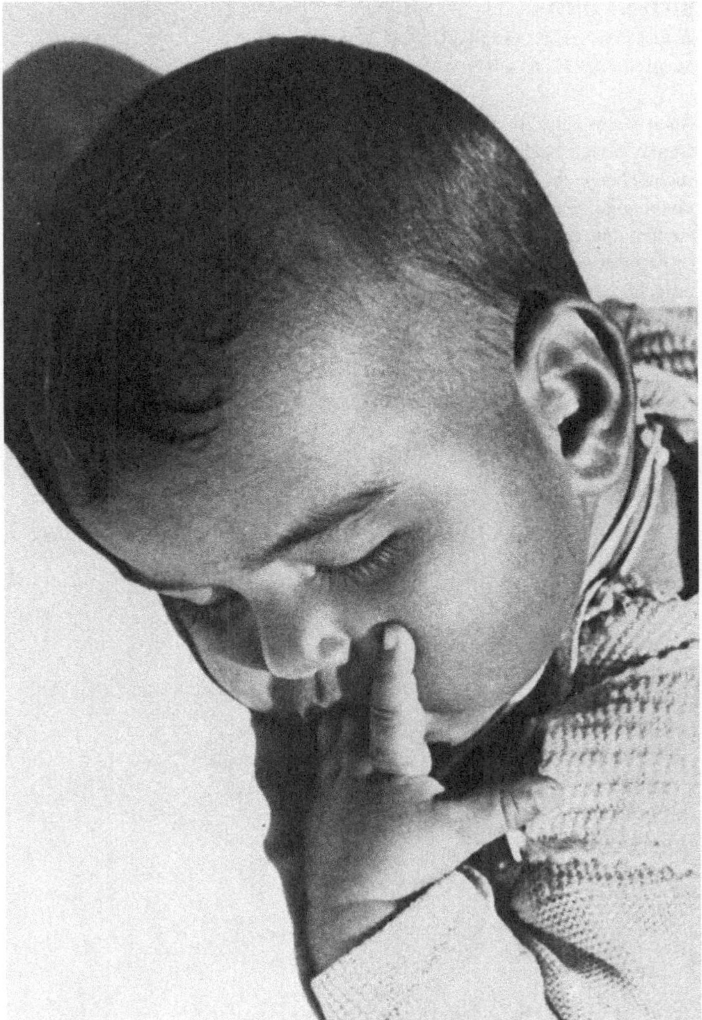

1

BILD 2, 3 UND 4

ZWEI WOCHEN ALTER JUNGE

Sucht mit der Hand seinen Mund

Auch dieses Kind ist am Einschlafen.
Genau gesagt: Nicht so sehr das Kind ist es, das seinen Mund mit der Hand sucht, eher sucht seine *Hand* den Mund und sein *Mund* die Hand – sozusagen unabhängig vom Kind. Schauen wir es gut an: Auch die Zunge hilft mit beim Suchen. Die Bewegungen sind nicht bewusst. Doch haben sie Erfolg: instinktiv beginnt es das Fingerlutschen – noch bevor es mit seinen Händen bewusst umgehen, über sie verfügen kann. Unser Gesamteindruck ist – wenn wir die Hand, die Kopfhaltung, den Gesichtsausdruck, also das Ganze betrachten –, dass das Kind noch unbeholfen, ungeschickt, hilflos ist. Vergleichen wir diese Bilder mit den Bildern 15, 28, 34, 45–61. Wir sehen: So fängt es an – und wie rapid und wie gewaltig ist die Entwicklung, die das Kind in ein bis zwei Jahren durchmacht.

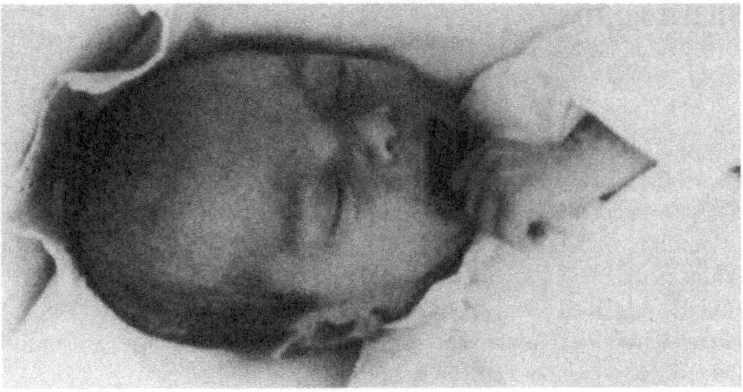

2

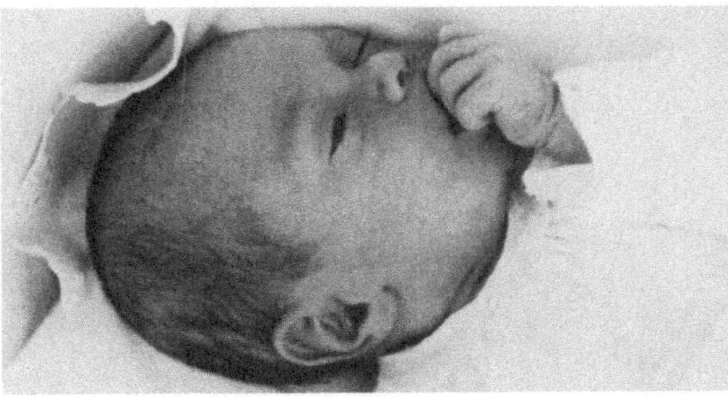

3

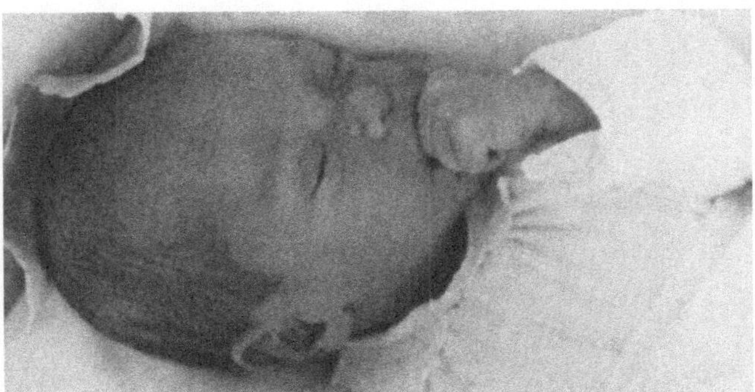

4

BILD 5, 6 UND 7

DREI WOCHEN ALTES MÄDCHEN

Sucht mit der Hand seinen Mund

Ein um eine Woche älteres Kind.
Dieses hat schon eine »menschlichere« Form.
Als wäre sein Gesichtsausdruck etwas verständiger – auch die Körperhaltung ist weniger unbeholfen, die Haltung der Hand ist zielgerichteter. Es lutscht schon nicht mehr die Hand, sondern den Finger. Auf den Bildern 5 und 6 sind die Augen ein wenig geöffnet, als würde es beobachten. Auf Bild 7 ist der Finger schon im Mund – sein Gesichtsausdruck ist vollkommen ruhig.
Dasselbe Kind sehen wir später auf Bild 36, 37 und 46.

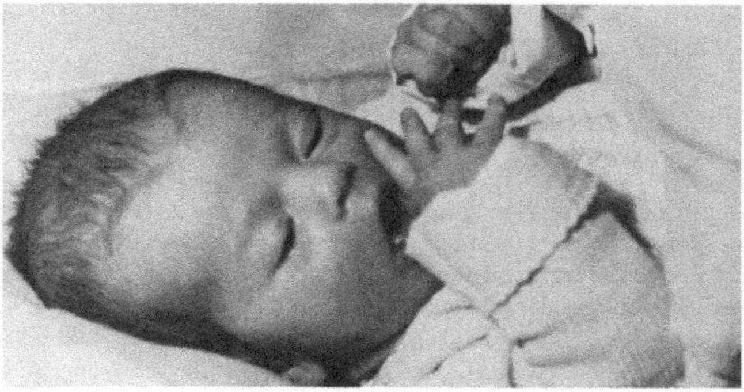

5

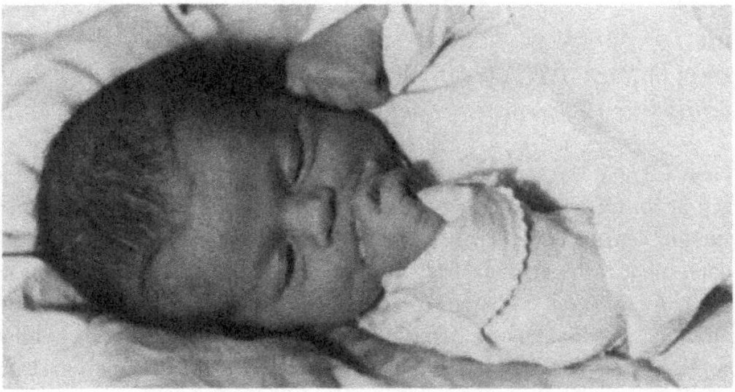

6

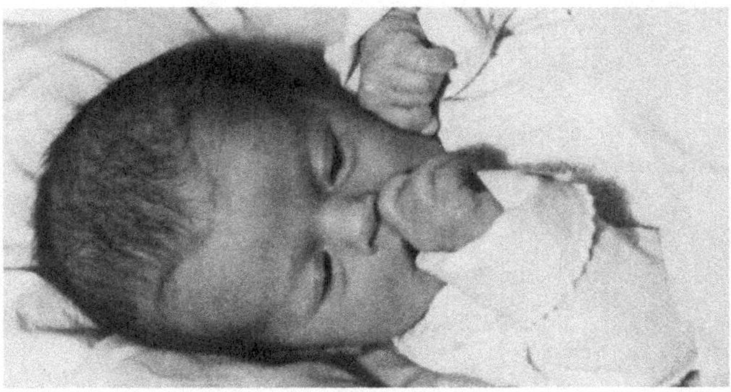

7

BILD 8
DREI MONATE ALTER JUNGE
Betrachtet bewundernd seine Hand

Das Kind liegt eben auf der Waage.
Es staunt seine Hand an, als hätte es sie soeben entdeckt, als wäre es einer interessanten Erscheinung begegnet. In seiner großen Verwunderung hat es ganz vergessen, dass es auf der Waage ist. Es betrachtet seine Hand wie irgendeine dort hingeratene Merkwürdigkeit. Augen, Mund und der ganze Gesichtsausdruck des Kindes machen einen viel »verständigeren«, entwickelteren Eindruck als bei dem vorherigen oder bei dem Kind auf Bild 2, 3 und 4. Aber nicht nur das Gesicht, sondern auch die Hand ist »verständiger«. An der Stellung, an der Bewegung der Hand sieht man bereits, dass es die Hand eines drei Monate alten Kindes ist.

BILD 9
DREI MONATE ALTER JUNGE
Betrachtet mit Interesse beide Hände

Liegt auf dem Rücken, betrachtet seine Hände. Er kann weder mit seinen Augen noch mit seinen Händen gut umgehen. In seinen Handbewegungen und auch in seinem Blick ist noch eine gewisse Steifheit vorhanden. Er »schaut« noch nicht recht, eher starrt er sie an. Seine Hände sind ihm noch nicht vertraut, durch Zufall erblickte er sie, und jetzt scheint er sich krampfhaft zu bemühen, sie sozusagen mit dem Blick zu ergreifen. Als wären sie irgendwelche von ihm unabhängige, fremde, lebendige, sich bewegende Gegenstände. Als ob er die eine mit der anderen Hand nur deshalb festhielte – mit der einen an die andere sich anklammernd –, damit sie nicht wegläuft. Es interessiert ihn, was er sieht.

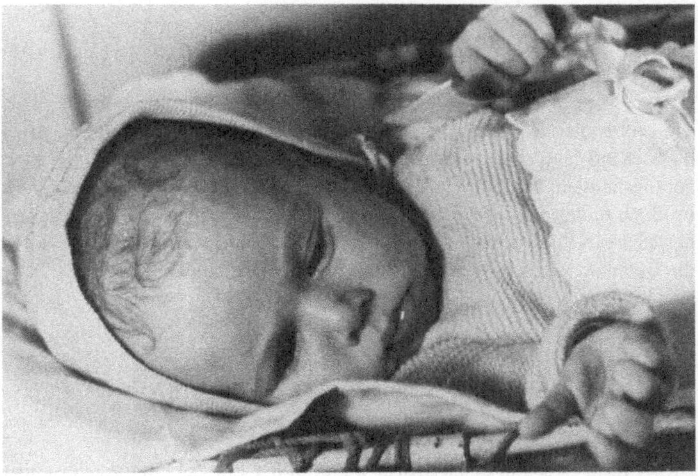

8

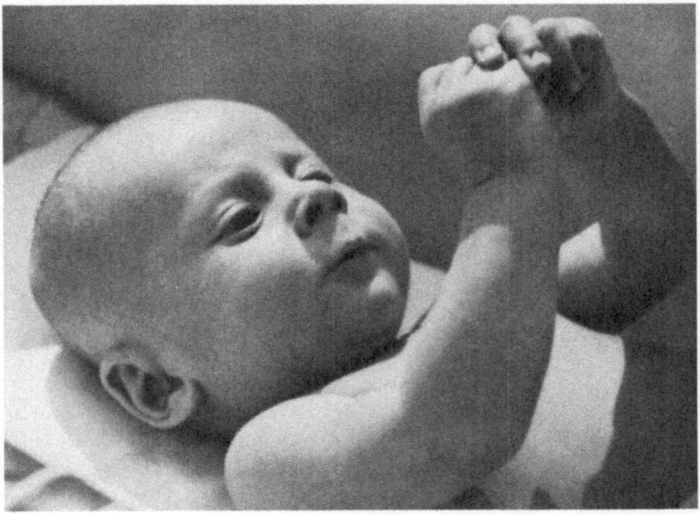

9

BILD 10
VIER MONATE ALTER JUNGE
Beobachtet seine Hände

Ein großer Fortschritt im Vergleich zu den vorhergehenden Bildern. Auch dieses Kind betrachtet seine Hände, aber auf ganz andere Art als die zwei vorangehenden. Weder in der Handhaltung noch im Gesichtsausdruck, noch im Blick finden wir irgendwelche Steifheit. Ruhe, Zufriedenheit und Sicherheit strömen aus dem Bild. Gelassen und aufmerksam vertieft sich das Kind in die Untersuchung seiner Hände, die ihm schon vertraut sind, sogar die Füße sind beteiligt.

BILD 11
SIEBEN MONATE ALTES MÄDCHEN
Spielt mit den Händen

Dieses Kind ist schon einen Schritt weiter in der Entwicklung. Auch es liegt auf dem Rücken und betrachtet seine Hände. Es strengt sich nicht an.
Leicht und sicher findet es mit den Augen, was es *sucht*, und es kennt auch schon die *Hände*. Es bewegt sie, spielt mit ihnen, dreht die Hand, es experimentiert. Es erprobt die Technik der drehenden Bewegung, schaut, was für Formen es erreichen kann. Dieses Kind hat monatelang studiert, mit den Händen experimentiert, bis es erlernt hat, so mit ihnen umzugehen. Nun probiert es schon die feineren Einzelheiten der Handbewegungen.

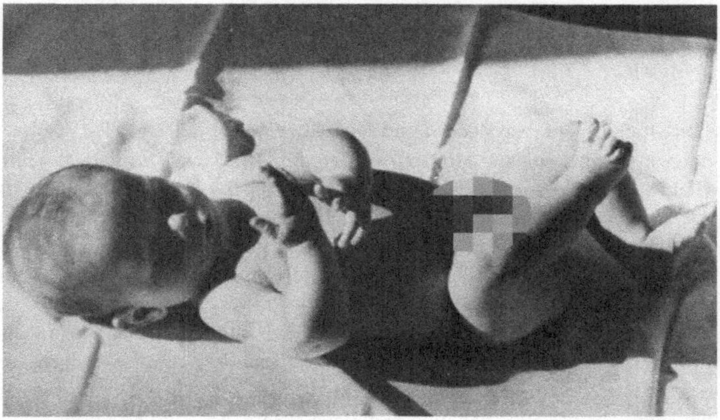

10

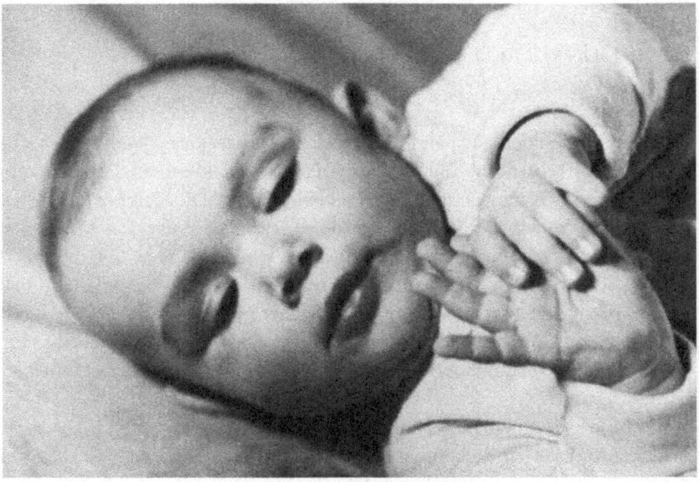

11

BILD 12 UND 13

FÜNF MONATE ALTER JUNGE

Spielt mit dem Tuch

Das Kind liegt auf dem Rücken und spielt mit einem Tuch. Dasselbe Kind sahen wir im Alter von vier Monaten auf dem Bild 10. Damals studierte es seine Hände, jetzt hat es ein farbiges Tuch in der Hand, das es interessiert. Es hält das Tuch in der linken Hand. Es scheint, dass das Ergreifen und das Loslassen des Tuches nicht ganz glatt und einfach geht. Es gelangt nicht immer dorthin, wohin das Kind es möchte, und obwohl es das Tuch nur mit der linken Hand hält, bemüht sich, bewegt sich auch die rechte. Es scheint auf diesen Bildern, als ereignete sich etwas *zusammen* mit dem Tuch und mit dem Kinde und als wäre das Kind nicht so sehr ein aktiver Lenker, sondern eher ein Teilnehmer des ganzen Vorganges. Es gibt noch keinen vollen Zusammenhang zwischen der Hand, die das Tuch hält, und dem Bewusstsein, der Aufmerksamkeit und dem aufmerksamen Blick des Kindes.

BILD 14

SECHS MONATE ALTER JUNGE

Spielt geschickter

Dasselbe Kind in der gleichen Position, einen Monat später. Wenn wir es aufmerksam betrachten und mit den vorherigen zwei Bildern vergleichen, dann sehen wir, wie viel es sich inzwischen entwickelt hat. Die Haltung der Beine, auch die Muskulatur des Rumpfes wurde entwickelter, reifer. Das Kind spielt nunmehr regelrecht mit dem Tuch, hält es mit beiden Händen. Offensichtlich *kann* es schon greifen und kann bereits auch loslassen, was es ergriffen hat. Es experimentiert, spielt mit dem Tuch, schaut, untersucht, was man damit anfangen kann. Auch die Kopfhaltung ist eine andere als vor einem Monat. Das Gesicht ist verständiger: verrät mehr Aufmerksamkeit, erhöhtes Selbstbewusstsein.

Während dieses einen Monats hat der Knabe vieles gelernt. Er hat gelernt, sich auf die Seite zu drehen, zu »wälzen«, das heißt, sich vom Rücken auf den Bauch und zurückzudrehen. Jetzt aber interessiert ihn das farbige Tuch in seinen Händen mehr als das Wälzen, als die Bewegung. Auf dem Rücken liegend, sind seine beiden Hände frei, so kann er sich besser mit dem Tuch beschäftigen.

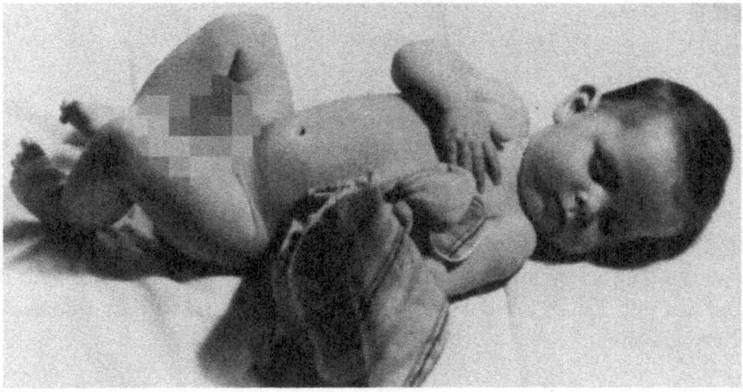

12

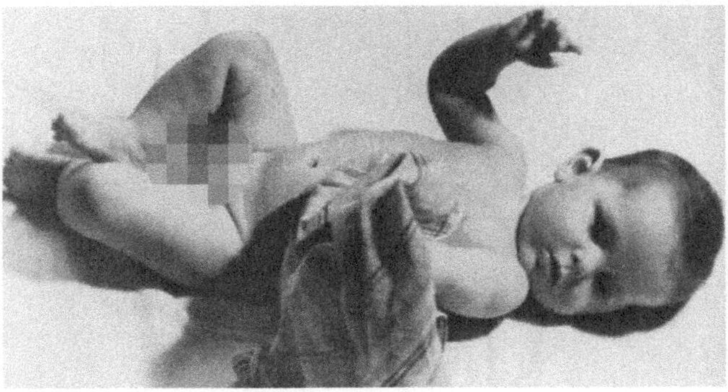

13

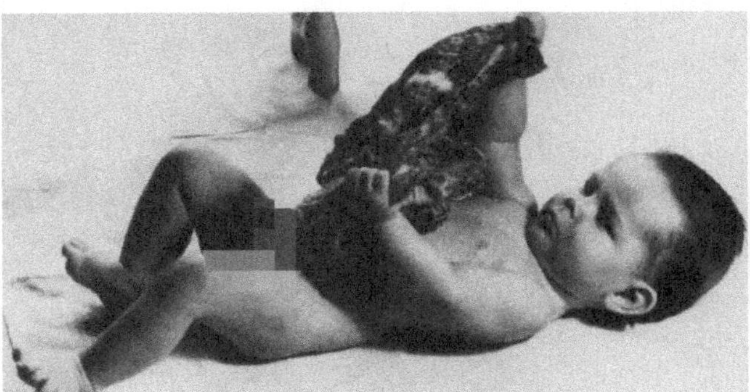

14

BILD 15

ZEHN MONATE ALTES MÄDCHEN

Spielt mit Händen und Füßen

Liegt auf dem Rücken. Wir können ruhig sagen, dass es mit allen vieren spielt. Vielleicht fiel es ihm schwer, das Spielzeug bloß mit den Händen zu halten, so hilft es sich auch mit beiden Füßen. Auch mit den Füßen unterstützt es das Spielzeug, damit es nicht wegrollt. Dieses Kind liegt nicht auf dem Rücken, weil es sich noch nicht umwenden kann. Es konnte schon gut auf dem Bauch und auf den Knien kriechen. Doch was es in der Hand hält, interessiert es eben jetzt mehr.

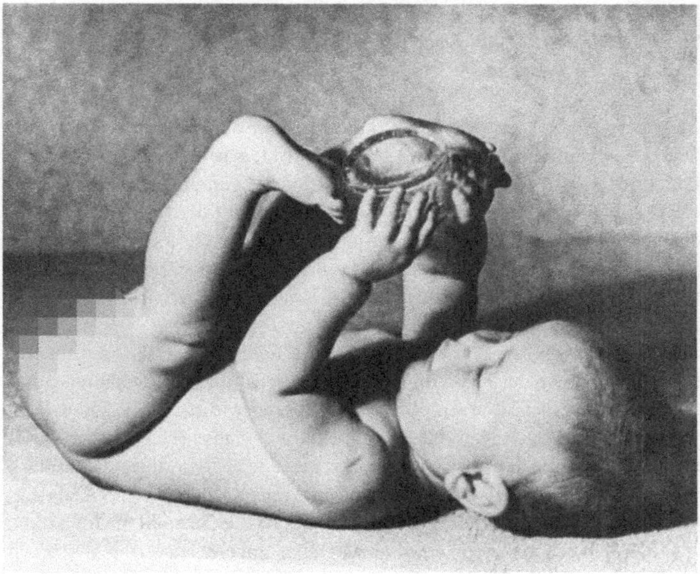

15

BILD 16 UND 17
SECHS MONATE ALTER JUNGE
Anfang der Drehung auf die Seite (mit dem Oberkörper)

Liegt auf dem Rücken. Die eine Schulter hebt er ab. Er ergreift, dreht eine Stange des Laufgitters, betrachtet sie, untersucht, was man mit ihr anfangen könnte. Mit der linken Hand bemüht er sich, bald von unten, bald von oben der Stange beizukommen. Dies ist der erste Abschnitt der Drehung vom Rücken auf den Bauch. Das Kind kann und will sich auch noch nicht drehen. Doch die Stangen interessieren es, und sein Interesse ist so heftig, dass es dafür oder vielleicht dadurch in eine Lage gelangt, die es noch nicht kennt und nicht geübt hat.
Sein Gesicht ist ernst: es beobachtet, forscht, untersucht. Nicht nur am Gesicht, nicht nur an der Hand und an der Körperhaltung ist das Interesse und der Eifer ersichtlich. Betrachten wir es näher: So wie es im Laufgitter liegt, wird es nie hineingelegt. Es liegt unmittelbar am Gitter. Seine Mutter legt es immer in die Mitte des 120 Zentimeter breiten und ebenso langen Laufgitters, und dorthin wurde es natürlich auch diesmal gelegt. Doch die Gitterstäbe haben den Jungen derart interessiert, angezogen, dass er, obwohl noch unfähig, sich auf den Bauch zu drehen, und scheinbar unbeholfen auf dem Rücken liegend, es doch schaffte, irgendwie in einigen Minuten hinzurutschen.

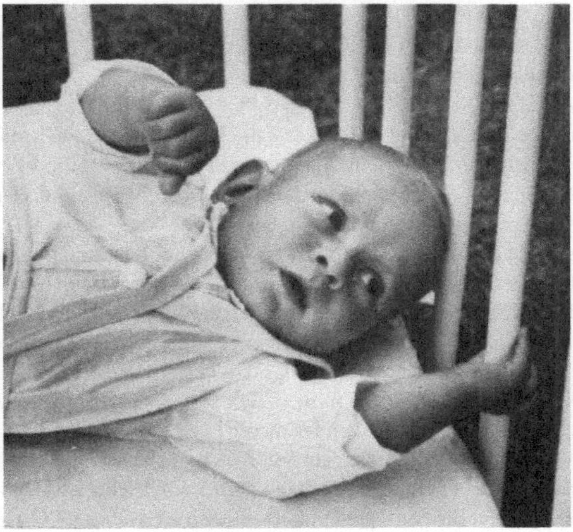

16

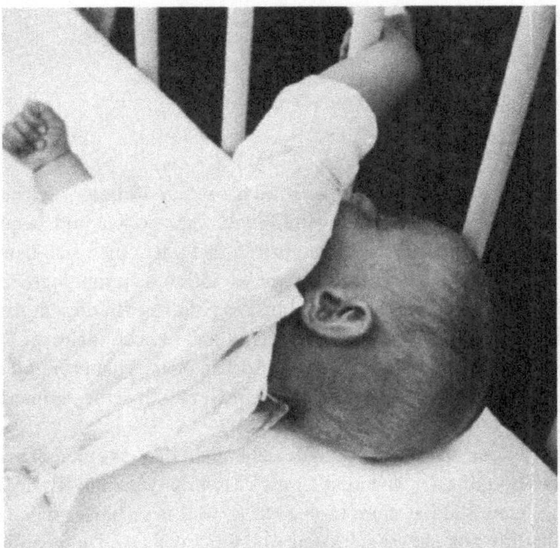

17

BILD 18
SECHS MONATE ALTER JUNGE
In der Seitenlage (am Anfang)

Spielt mit den Händen. Ungefähr so, wie das sieben Monate alte Kind auf Bild 11. Er kann schauen, kennt seine Hände, experimentiert mit ihrer Bewegung. Vielleicht unterhält es sich eben mit dem eigenartigen Tastgefühl, das das Zusammenlegen der beiden Handflächen hervorruft.
Dieses Kind ist aber schon einen Schritt weiter in der Bewegungsentwicklung. Es dreht sich schon auf die Seite. Es spielt so nicht nur während der Aufnahme. Es dreht sich oft auf die Seite und bleibt lange in dieser Lage. So überblickt es besser die Dinge. Ruhig, friedlich liegt es auf seiner Seite, auf dem ganz harten Brettpodium. Das linke Bein streckt es nach vorn und stützt sich damit ein wenig auf die Unterlage, so fühlt es sich sicherer und kann seine Hände freier benützen. Wenn es müde oder dieser Lage überdrüssig wird, dreht es sich wieder auf den Rücken. Sich auf den Bauch drehen kann es noch nicht.
Dieses Kind hat in dieser Lage das vollkommene Gleichgewicht noch nicht gefunden. Sich auf die Seite drehend, ist es noch ein wenig steif, strengt sich ein bisschen an, klammert sich noch ein wenig an. Das nehmen wir freilich im ersten Augenblick nicht sofort wahr. Doch wird der Unterschied gleich offenbar, sobald wir dieses Bild mit dem folgenden vergleichen.

BILD 19
NEUN MONATE ALTES MÄDCHEN
In der Seitenlage (vollendet)

Dreht sich halb auf die Seite. Dieses Kind hat schon die beste Gleichgewichtslage gefunden. Es liegt ohne Anstrengung, ganz weich und bequem. Betrachtet etwas Entferntes, vielleicht einen Vogel oder einen sich bewegenden Baumast. Inzwischen lallt es laut, spricht vor sich hin, »monologisiert«.
Das rechte Bein und die rechte Hand hält es ganz lose, in diesem Augenblick ist das das Bequemste. Mit der linken Hand hält es auch nicht zur Sicherung den Fuß, sondern nur weil er bei der Hand war, oder es hat eben mit dem Fuß gespielt, als irgendeine Bewegung oder ein Geräusch seine Aufmerksamkeit ablenkte.
Dieses Kind kann schon rollen. Man sieht auch, dass es einen Schritt weiter in seiner Bewegungsentwicklung ist als das vorhergehende Kind. Das Kind auf dem oberen Bild hat diese Lage *gesucht* (weil es so besser sehen konnte), obwohl das ihm noch etwas schwierig und mühevoll war. Dieses Kind ist aber während des Spielens, ganz *zufällig* in diese Lage gelangt.

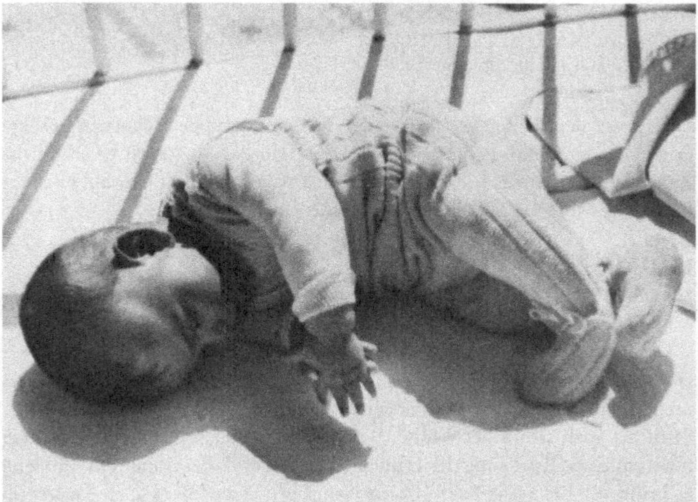

18

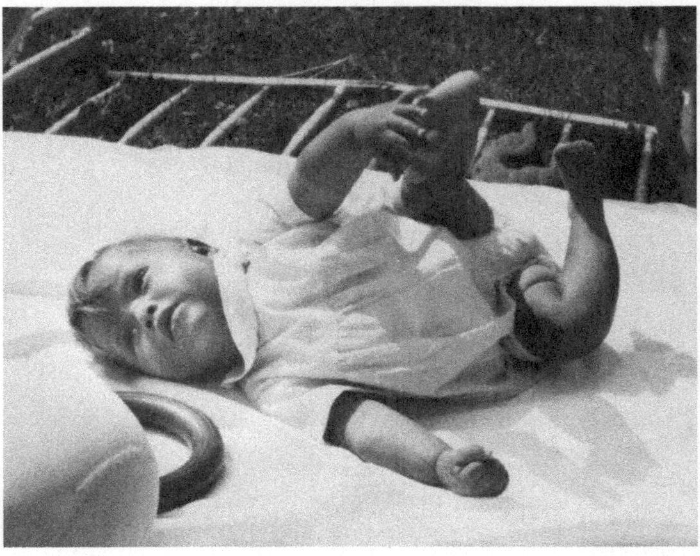

19

BILD 20
SECHS MONATE ALTER JUNGE
Liegt auf dem Bauch (»klebt«)

Er liegt auf dem Bauch und betrachtet die Gummipuppe. Behutsam berührt er sie mit der Hand. Er möchte sie kosten und darum streckt er schon die Zunge heraus. (Dieses Kind liegt auch ganz nahe am Gitter, obwohl es ebenfalls in die Mitte des Laufgitters gelegt wurde.)

BILD 21
SECHS MONATE ALTER JUNGE
Liegt auf dem Bauch

Hier hat er schon die Puppe erfasst und ist gerade dabei, irgendwie die Puppe und seinen Mund einander zu nähern.
Er öffnet auch schon den Mund. Beim ersten Versuch gelingt es ihm noch nicht ganz, die Bewegung der Hand, des Kopfes und des Mundes in Einklang zu bringen. Aber zweifellos wird er so lange probieren, bis er auch das lernt.
Er hebt dabei den rechten Oberschenkel – der auf dem Hund liegt – ein wenig.

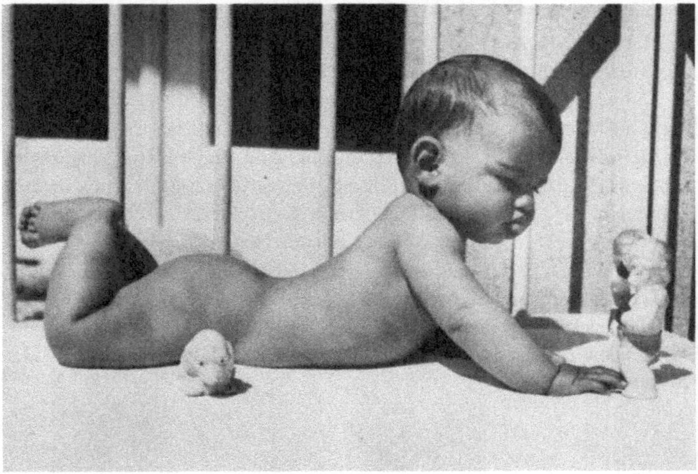

20

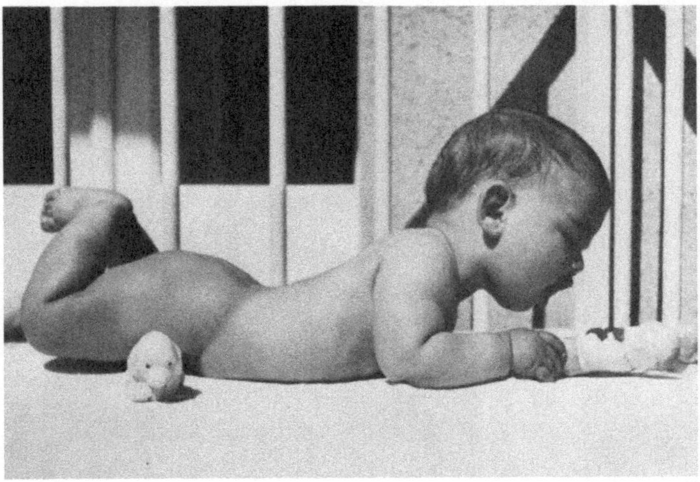

21

BILD 22

SECHS MONATE ALTER JUNGE

Liegt auf dem Bauch (mit abgehobenem Oberkörper)

Spielt, auf dem Bauch liegend. Versucht gerade seine Klapper aufzustellen. Richtig, fachgemäß hält er sie mit der linken Hand, und mit zwei Fingern der rechten Hand passt er auf, dass sie ihm nicht wegrutscht. Er ist schon daraufgekommen, dass, wenn er die Klapper mit der rechten Hand unterstützt, er sie eher seinem Wunsch gemäß bewegen kann. Dieser Knabe interessiert sich auch sehr dafür, was er tut. Er ist ganz vertieft darin. Er ist insofern entwickelter als die vorherigen auf dem Bauch liegenden Kinder, als er bereits nur auf eine Hand gestützt spielen kann.

Das Kind hat zu dieser Zeit weder das Kriechen noch das Sich-Aufstellen oder -Aufsetzen probiert.

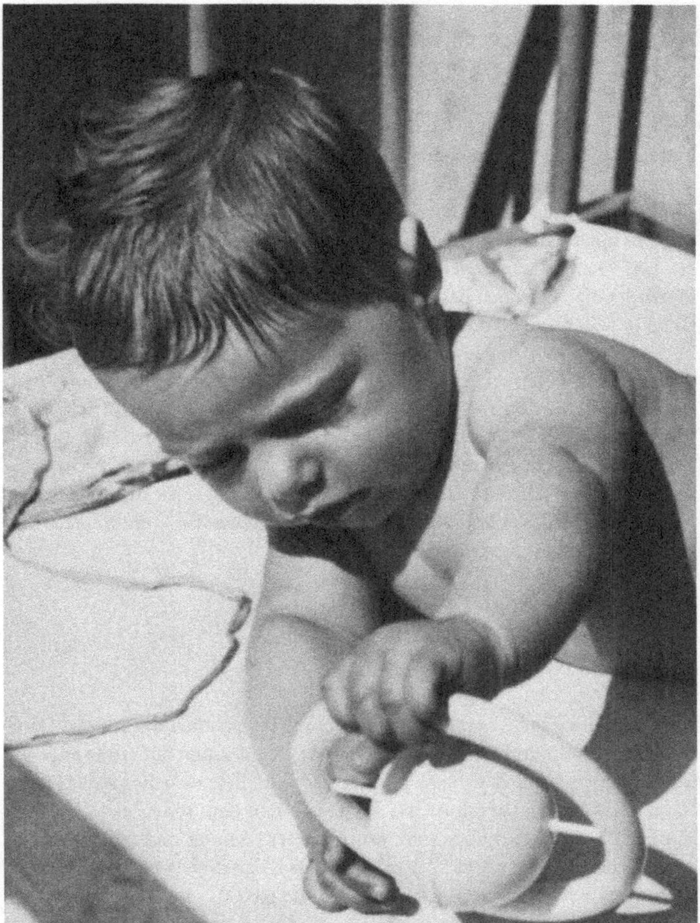

22

BILD 23

NEUN MONATE ALTER JUNGE

Liegt auf dem Bauch (beweglich, »schwebend«)

Liegt auf dem Bauch und lacht. Er beugt den linken Arm und das linke Bein und hebt beide. Diese Übergangssituation ist die, aus der die Kinder zu kriechen anfangen oder, sich halb auf die Seite drehend, sich aufsetzen. Dieses Kind fängt gerade an, auf allen vieren zu kriechen. Das Sich-Aufsetzen versucht es noch nicht. Dasselbe Kind haben wir auf dem Bild 20 und 21 schon gesehen. Damals lag es noch lang ausgestreckt, hingegossen, mit dem Bauch förmlich auf dem Boden des Laufgitters haftend, als hätte man es dorthin geklebt. Inzwischen sind drei Monate vergangen.

In diesen drei Monaten hat das Kind scheinbar gar nichts gelernt – oder zumindest nichts, was man im Allgemeinen als »Leistung« anerkennt. Doch wenn wir dieses Bild mit den Vorangehenden vergleichen, dann sehen wir sofort, wie viel es sich doch in der Zwischenzeit entwickelt hat. Sein Rumpf, seine Schenkel, seine Arme wurden muskulöser, beweglicher, elastischer. Die frühere Schwerfälligkeit des Körpers hat sich ganz aufgelöst. Als wäre es jetzt nahezu gewichtslos. Es scheint beinahe zu schweben. Es ist im Begriff, sich von der Unterlage zu erheben.

BILD 24

NEUN MONATE ALTER JUNGE

Anfang des Sich-Aufsetzens

Er liegt in einer halbwegs sitzenden Position. Der Daumen der rechten Hand ist noch teilweise in seinem Mund, doch das Kind achtet auf etwas anderes. Das linke Bein zieht es ganz nach vorn – so sehr, dass es sich mit der linken Hand ein wenig stützen muss. Da der rechte Fuß den Boden nicht berührt, hält es sich mit dem linken Fuß, um in dieser Stellung nicht umzukippen, und es scheint, als würde es auch mit den Zehen den Boden leicht greifen. Die ganze Lage scheint ein wenig verdreht, gezwungen zu sein. Wir Erwachsene würden uns so recht unbequem fühlen. Das Kind jedoch nicht. Es benützt in dieser Position alle seine Glieder so sicher, es nimmt diese Stellung mit so großer Leichtigkeit ein, dass wir den Eindruck haben, als hätte ein größeres Kind, das schon gut sitzen und stehen kann, sich eben jetzt gerade in diese Stellung niedergelassen. Dieses Kind aber konnte sich zu dieser Zeit noch nicht höher vom Boden erheben, als auf dem Bild zu sehen ist. »Rollen« konnte es mit Leichtigkeit, aber weder sich aufsetzen noch sich aufstellen.

23

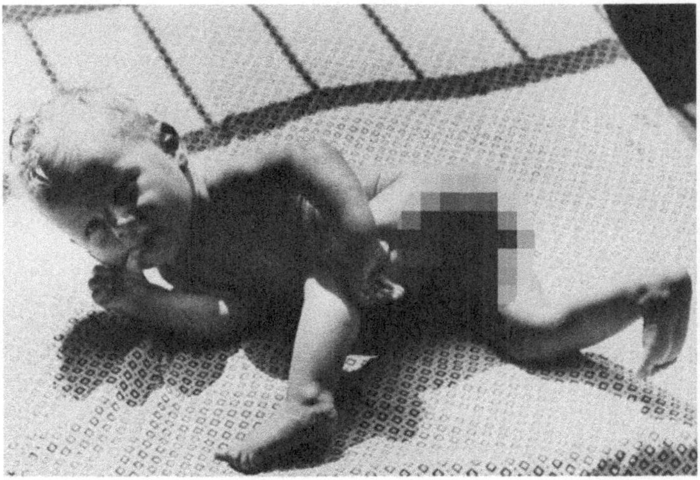

24

BILD 25
SECHS MONATE ALTER JUNGE
Auf halbem Weg zum Sich-Aufsetzen

Ist im Begriffe, sich aufzusetzen. Richtiger: Diese Stellung ist eine Phase des Sich-Aufsetzens. Zu dieser Zeit – als dieses Bild aufgenommen wurde – konnte er sich noch nicht besser aufsetzen. Sein linkes Knie zog er unter seinen Bauch und sein Körpergewicht hat er schon teilweise auf den einen Sitzhöcker übertragen. So erhebt sich sein Oberkörper vom Boden. Er stützt sich noch auf die linke Hand, aber beim Spielen benützt er schon gelegentlich seine stützende Hand. Die Zehen des rechten Fußes klammern sich, als würden sie den Boden greifen.

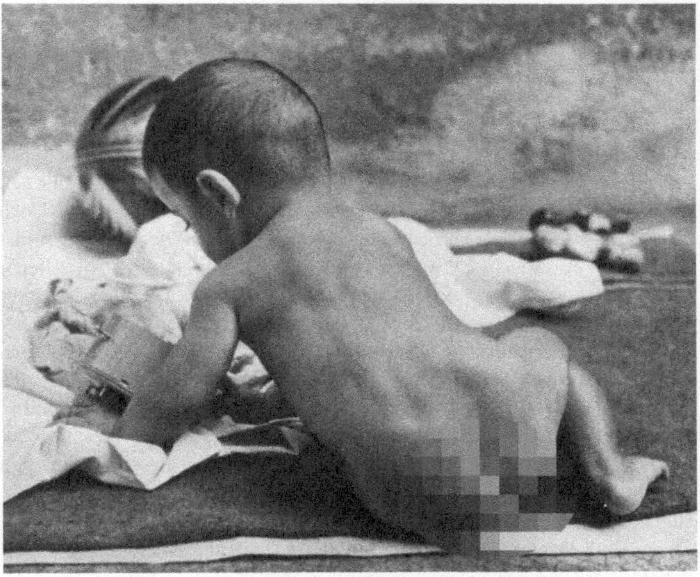

25

BILD 26

DREIZEHN MONATE ALTES MÄDCHEN

Sitzt (stützt sich noch mit dem Fuß)

Gespannt betrachtet es, was mit den Fingern geschieht. Wir haben den Eindruck, dass dies für es nicht einfach interessant, sondern ein wirklich aufregendes Erlebnis ist. Dieses Kind spielt schon seit sehr langer Zeit mit den Händen. Auch auf dem Bild 11 haben wir es sieben Monate alt gesehen. Noch immer ist es seiner Hände nicht überdrüssig geworden, noch immer findet es an ihnen etwas Neues, etwas zum Studieren. Obwohl es – wie wir sehen – im Freien ist, wo es herumkriechen könnte, wo Kieselsteine und andere interessante Dinge herumliegen. Über ein Jahr alt, geht es bereits frei, sitzt auch – und noch immer bedeuten für es seine Hände eine köstliche Unterhaltung. Ist das nicht eigentümlich? Müssen wir uns nicht unwillkürlich dabei einen Augenblick aufhalten? Bedenken wir, was die Eltern alles aufbieten, um ihre Kinder auf die unmöglichste Weise (und mit was für Mitteln!?) zu »unterhalten«! Später wundern sie sich freilich darüber, obwohl sie ihre Kinder mit den teuersten und kompliziertesten Spielsachen überhäufen, langweilen sie sich, sind verstimmt und interessieren sich für nichts.

Dieses Kind sitzt zwar bereits sicher in dieser Übergangsposition, doch wenn es beide Beine nach vorn strecken würde, wäre das noch unbequem für es. So sitzt es besser. Falls wir es mit dem auf dem vorangehenden Bild zu sehenden Kind vergleichen, stellen wir fest, dass es schon etwas sicherer sitzt. Obwohl das im Knie gebeugte linke Bein im Sitzen mithilft, ist das rechte Bein bereits vorn. Es stützt sich also bereits nur auf ein Bein.

26

BILD 27

FÜNFZEHN MONATE ALTES MÄDCHEN

Spielt sitzend

Das Kind hat das rechte Bein schon ganz ausgestreckt, und nur das andere, das linke Bein hilft mit beim Sitzen. Gerade, schön sitzt es, beugt sich nicht nach vorn, krümmt sich nicht. In diesem Alter ist es noch nicht viel gesessen. Es kroch viel herum, und hie und da probierte es aufzustehen.

Es bedient sich seiner beiden Hände schon sicher, geübt, zweckmäßig. Mit einer Hand hält es die Bürste, mit der anderen untersucht es behutsam ihre Oberfläche. Es lernt. Es sammelt Erfahrungen.

(Bei der Geburt wog es 1,80 Kilogramm, in Anbetracht dessen ist es recht wohlgenährt.)

27

BILD 28
FÜNFZEHN MONATE ALTES MÄDCHEN
Sitzt schön (pfeilgerade)

Das Kind sitzt neben dem Waschtrog und beobachtet die vom Tuch herunterfallenden Wassertropfen.
Beim Sitzen sind beide Knie bereits vorn, obwohl das eine noch gebeugt ist.
Dieses Kind saß in diesem Alter in dieser Stellung am besten, am sichersten.
Der Rücken, der Rumpf des Kindes ragen pfeilgerade aufwärts. Ohne jede Steifheit, ohne Mühe sitzt es so – weil es im Gleichgewicht ruht. Niemand hat ihm gesagt: »Sitz gerade!« Mit Nötigung, Lehren, Zwang kann man diese Haltung nicht erreichen.
Auch dieses Kind konnte schon stehen, hat sogar gerade begonnen zu gehen.

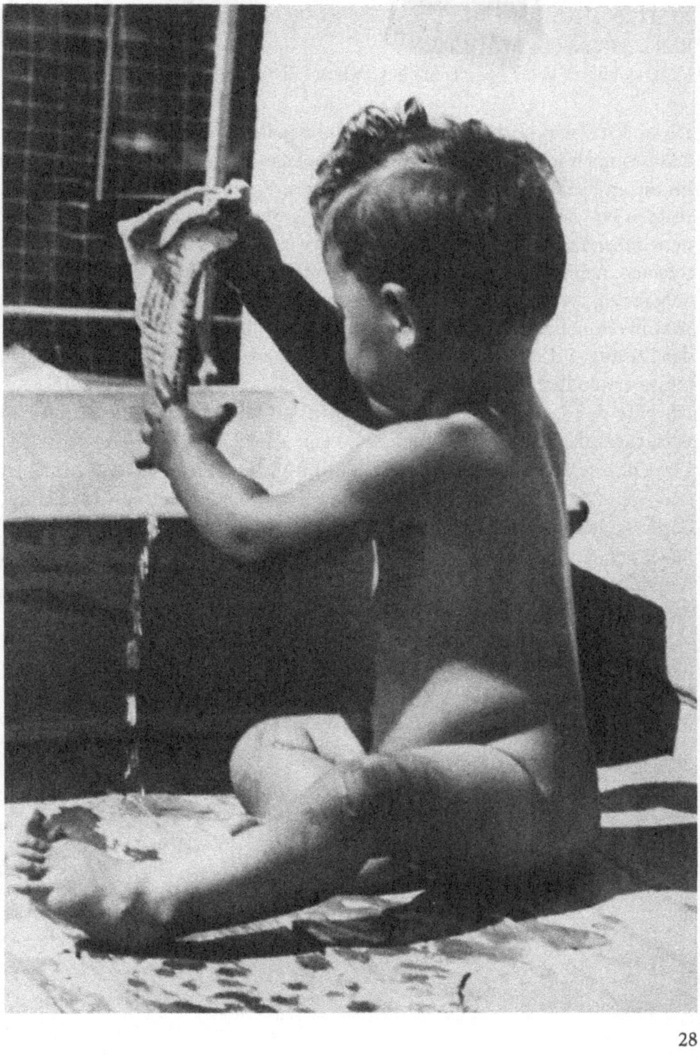

28

BILD 29
EIN JAHR ALTES MÄDCHEN
Sitzt, spielt mit den Füßen (eine besondere Leistung)

Dieses Kind sitzt noch sicherer als das vorangehende auf dem Bild 28 (stehen kann es noch nicht). Es ist in einem so vollständigen Gleichgewicht, dass es im Sitzen beide Beine frei gebrauchen kann. Es spielt auch mit ihnen. Den rechten Fuß hat es in irgendeinen Überzug gesteckt und versucht, diesen mit dem linken Fuß herunterzustreifen. Wenn wir auf dieses Bild nur einfach hinschauen, nehmen wir kaum wahr, wie groß und schwer die Gleichgewichtsaufgabe ist, die das Kind während des Spielens gelöst hat. Es hat nämlich eine so vollkommene Lösung gefunden, dass – gerade infolge der Vollkommenheit der Lösung – das, was es macht, ganz leicht, sogar ganz einfach, natürlich, selbstverständlich erscheint.
Ich bitte den Leser, das Buch auf einen Augenblick beiseitezulegen und zu versuchen, das Kind nachzuahmen. Zu versuchen, *ob er überhaupt so sitzen kann*, dass er dabei beide Füße frei betätigen könnte. Viele sind dazu unfähig, oder wenn doch, dann nur für ganz kurze Zeit. (Dieses Kind spielte so lange, ohne zu ermüden.) Ich glaube, dass auf diese Weise es viel schneller und genauer verständlich wird, was dieses Kind »kann«, und im Allgemeinen, was der Unterschied zwischen dem richtigen und dem unrichtigen Sitzen ist, als wenn ich es ausführlich zu erklären versuchte.
»Kann mein Kind das auch schon?« – »Nur sitzen kann es!« – »Doch die anderen stehen und gehen *schon* in diesem Alter«, würden viele sagen. Ihrer Meinung nach ist also dieses Kind nicht »konkurrenzfähig«. Sie bemerken gar nicht, dass dieses Kind etwas »kann«, was viele Kinder und Erwachsene ihr Leben lang nicht lernen.

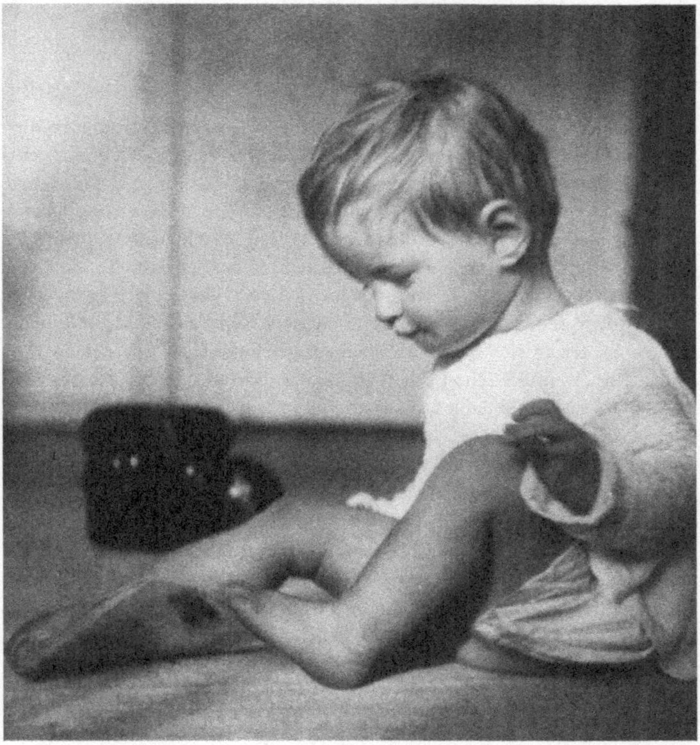

29

BILD 30
FÜNFZEHN MONATE ALTER JUNGE
Noch eine Sitzart

Sitzt, sich teils auf das eine Knie, teils auf eine Sohle stützend. In der rechten Hand hält er irgendeine kleine Papierschachtel, diese untersucht er aufmerksam. Als dieses Bild aufgenommen wurde, konnte der Junge schon stehen, hie und da konnte er auch frei einen Schritt tun. Doch hat er nun, anstatt zu sitzen, diese halbsitzende, halbkniende Stellung gewählt. Das »regelrechte« Sitzen fiel ihm noch schwer, er krümmte sich. So half er sich also, zu dieser Zeit war ihm eben diese Stellung bequem, in dieser fühlte er sich behaglich.
Viele Kinder helfen sich derart, wenn sie noch nicht sicher sitzen können. Manchmal setzen sich die Kinder beim Spielen zwischen ihre beiden Knie (auch dann, wenn sie schon gehen können). Ein Kind mit schwächerem Rücken spielt sogar jahrelang so – das heißt, es würde so spielen, wenn seine Mutter nicht einschreiten würde. »Wie sitzt du?!« – »Sitz anständig!« – »Tu deine Beine vorwärts!« – »Warum sitzt du schon wieder auf dem Boden, siehst du nicht, dass der Stuhl da ist?!« – Das Ergebnis: Das Kind streckt zwar die Beine nach vorn, setzt sich auf den Stuhl, doch sein Rücken krümmt sich. Anfangs ist ihm das freilich unbequem, doch sooft es versucht sich zu helfen, sooft es seine Stellung ändert, sich zu bewegen beginnt oder aufkniet – immer wieder wird es zurechtgewiesen. Endlich findet es sich mit der ihm unbequemen Stellung ab, und die Mutter ist glücklich, weil sie ihrem Kind beigebracht hat, so zu sitzen, wie es »sich schickt«.
Alles ist in Ordnung – doch etwas später wird durch Heilgymnastik ein vergeblicher, fast aussichtsloser Kampf gegen die »krumme Haltung« angefangen. Längst in Vergessenheit geraten ist schon die »Kleinigkeit«, dass, als das Kind noch Versuche machte, als es ihm noch unangenehm war, sich krumm zu halten, und es instinktiv eine bessere Lösung, eine bessere Gleichgewichtsstellung suchte – gerade die Mutter es war, die es darin hinderte. Sie hatte es ihm sogar gradezu verboten.

30

BILD 31

ANDERTHALB JAHRE ALTES MÄDCHEN

Sitzt sicher

Im Lehnstuhl sitzend, untersucht es einen halben Apfel. Mit feinen, behutsamen, empfindsamen Fingern betastet es das Kernhaus als ein fremdes Element im Apfel. Scheinbar hat es das jetzt entdeckt, oder es hält jetzt das erste Mal einen nicht geputzten Apfel in der Hand. Die Neuigkeit interessiert es. Dieses Kind sitzt richtig. So gut, dass – obwohl die Stuhllehne hinter ihm ist, an die viele sich aus Gewohnheit anlehnen würden – es sich nicht anlehnt. Es tut es nicht, es hat es nicht nötig. Um sich anzulehnen, müsste es sich krümmen, und *dies* wäre unbequem.

31

BILD 32
SIEBEN MONATE ALTER JUNGE
Stellt sich auf den Kopf (auf den Fuß)

Manche, die dieses Bild gesehen haben, glaubten, dass dieses Kind nicht von selbst in diese Stellung gelangte, sondern der Fotograf es so »eingestellt« hat. Ich muss wohl kaum versichern, dass dies völlig unmöglich ist. Ein Kind von sieben Monaten kann man auf keine Weise dazu veranlassen, solche Kunststücke vorzuführen. Umsonst würden wir es versuchen – es würde ja gar nicht verstehen, was wir von ihm wollen.
Dieses Kind saß noch nicht, stand noch nicht, nicht einmal kriechen auf allen vieren konnte es, als es dies übte. Es lag auf dem Bauch, hatte die Knie ein wenig eingezogen und hob sich dann auf die Füße. Sein Körpergewicht ruht fast ganz auf seinem Kopf und den beiden Armen. Als wenn es sich auf den Kopf stellen wollte. Das Ganze ist gar nicht so einfach. Trotzdem strengt sich das Kind nicht an. In allen seinen Körperteilen ist seine Haltung weich und geschmeidig. Gemächlich spielt es so mit seinem Körper, mit seinen Gliedmaßen. Es stützt sich auf die rechte Fußspitze, der linke Fuß ist in der Luft. Weder um die Schulter und um den Nacken herum noch in den Armen sieht man die geringste Steifheit oder Anstrengung. (Dasselbe Kind sahen wir – fast in demselben Alter – auf Bild 22 auch.)

BILD 33
ELF MONATE ALTER JUNGE
Der Beginn des Aufstehens
(auf allen vieren, nicht auf den Knien, sondern auf den Sohlen)

Nicht der »Handstand« ist es, den er übt, gerade entgegengesetzt, er will sich auf die Füße stellen. Er versucht, sein Körpergewicht auf die Füße zu verlagern. (Sein Kopf berührt den Boden bloß ein wenig.) Dieses Kind kann schon kriechen. Nur zum Schlafen legt man es in das Laufgitter. Da es hier nicht genügend Platz zum Herumkriechen hat, versucht es dies.

32

33

BILD 34

ELF MONATE ALTER JUNGE

Ein Bein kniet, das andere steht auf der Sohle

Wir sehen dasselbe Kind wie auf dem vorangehenden Bild. Diese Stellung ist dem Aufstehen bereits näher. Das rechte Bein stützt sich mit der Sohle auf den Boden. Das Körpergewicht verteilt sich gleichmäßig zwischen der rechten Sohle, der linken Hand und dem knienden linken Bein. Das Kind bemüht sich gerade, den aus dem Laufgitter hinausgekollerten Würfel zurückzuholen. Dieser ist für seine Hand viel zu groß. Behutsam, fein, auf die zweckmäßigste Weise ergreift es ihn. Es ist jedoch nicht überzeugt, dass die Sache gelingt. Es spürt, dass dies eine schwere Aufgabe ist, den Würfel so, mit einer Hand, hereinzuziehen. Dieses Spiel interessiert und unterhält es.

34

BILD 35
ELF MONATE ALTER JUNGE
Stellt sich auf beide Beine (stützt sich und hält sich fest)

Dasselbe Kind wie auf den beiden vorangehenden Bildern. Es übt jetzt das Aufstehen. Die Beine spreizt es weit auseinander und beugt sie stark im Knie. Mit der linken Hand fasst es das Gitter an – so sichert es sich. Langsam, aufmerksam versucht es, die rechte Hand vom Boden aufzuheben. Es gibt sehr acht. Es weiß noch nicht, wohin das führen wird, und Überraschungen hat es nicht gern. Obwohl es schon ziemlich sicher stehen kann, und ohne die Handstütze vielleicht auch nicht fallen würde.
Es ist aber so vorsichtig, dass es sogar auch den Kopf ein wenig an das Gitter lehnt.

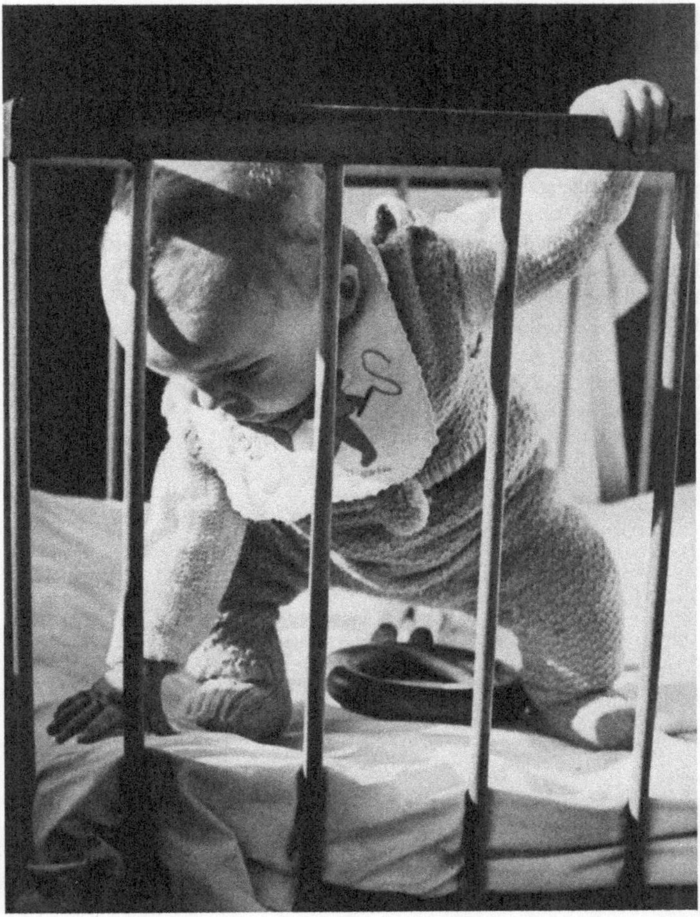

35

BILD 36

EIN JAHR ALTES MÄDCHEN

Steht, sich anlehnend

»Es scheint zu stehen«, doch wenn wir gut hinschauen, sehen wir, dass sein Körpergewicht noch nicht ganz auf den Füßen ruht, sondern dass es sich in gleichem Maße auch auf die Oberarme stützt. Mit der linken Hand kratzt es etwas auf der Bank. Mit dem rechten Fuß hält es den Boden fest, mit dem linken steht es auf der Fußspitze. In der Kreuzgegend knickt es nicht ein, sein Rücken ist schön gerade.

Das Kind saß in diesem Alter schon gut, doch kriechen konnte es nur auf dem Bauch, seine Knie hat es zum Kriechen noch nicht benützt. Auch dieses Kind stützt sich nicht einfach auf den Fuß, sondern ergreift den Boden mit der Sohle. Ebenso, wie wir es auf den Bildern 24, 25, 26 und 30 sahen und wie wir es auch auf den Bildern 37, 40, 53 beobachten können.

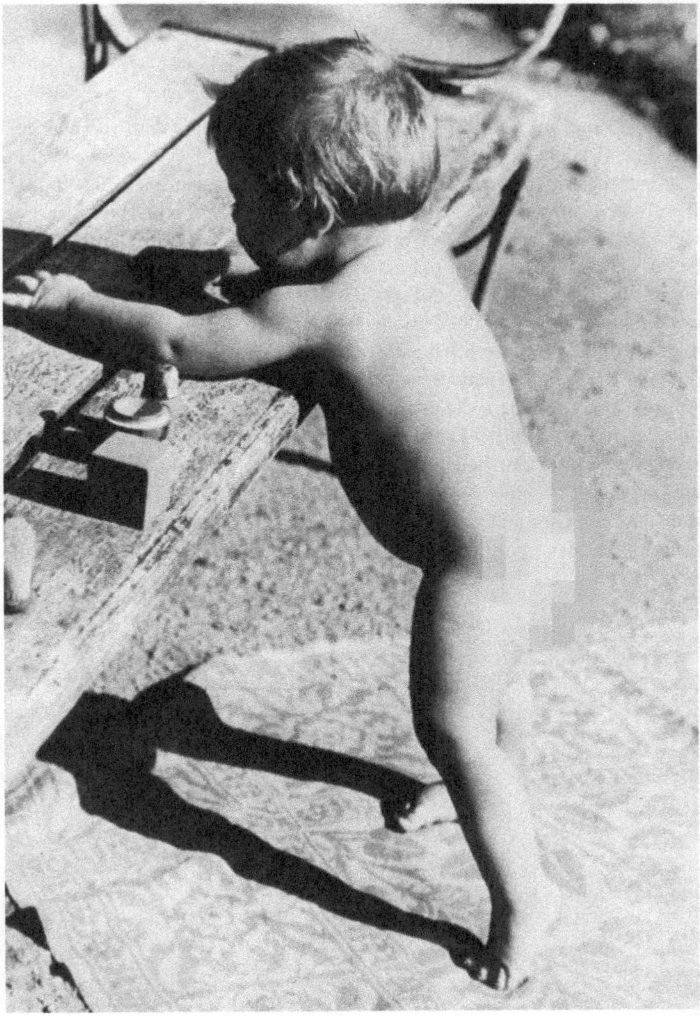

36

BILD 37

EIN JAHR ALTES MÄDCHEN

Bückt sich aus aufrechter Stellung, sich haltend

Dasselbe Kind, am selben Ort und zur selben Zeit wie auf dem vorangehenden Bild. Es bückt sich jetzt aus aufrechter Stellung.

Mit der rechten Hand hält es sich, mit der linken versucht es einen Schlüssel vom Boden aufzuheben. Die Bewegung ist langsam und sehr vorsichtig, das Kind bückt sich nur, soweit es unumgänglich nötig ist. Sein Gleichgewicht ist unsicher, weil es sich nur mit einer Hand hält. Der linke Fuß, der auf dem vorangehenden Bild auf der Fußspitze stand, beugt sich jetzt ein wenig. Wieder sehen wir jene charakteristische Haltung, von der wir soeben sprachen: Die gekrümmten Zehen scheinen den Boden ergreifen zu wollen, sie helfen das Gleichgewicht des Kindes zu stabilisieren. Das Kind hat eine recht große Aufgabe unternommen, die es nur mit der größten Vorsicht, sehr langsam und behutsam ausführen kann. Trotzdem sehen wir in seiner Haltung keine krampfhafte Steifheit: Die Haltung ist schmiegsam und ausgeglichen. Bei aller Vorsicht ist in seiner Bewegung eine ruhige Sicherheit. Wir können ruhig sein, dass es nicht umkippt, oder wenn es auch hinfällt, sich nicht stößt. Seine Haltung und Bewegung ist geschmeidig, nicht verkrampft.

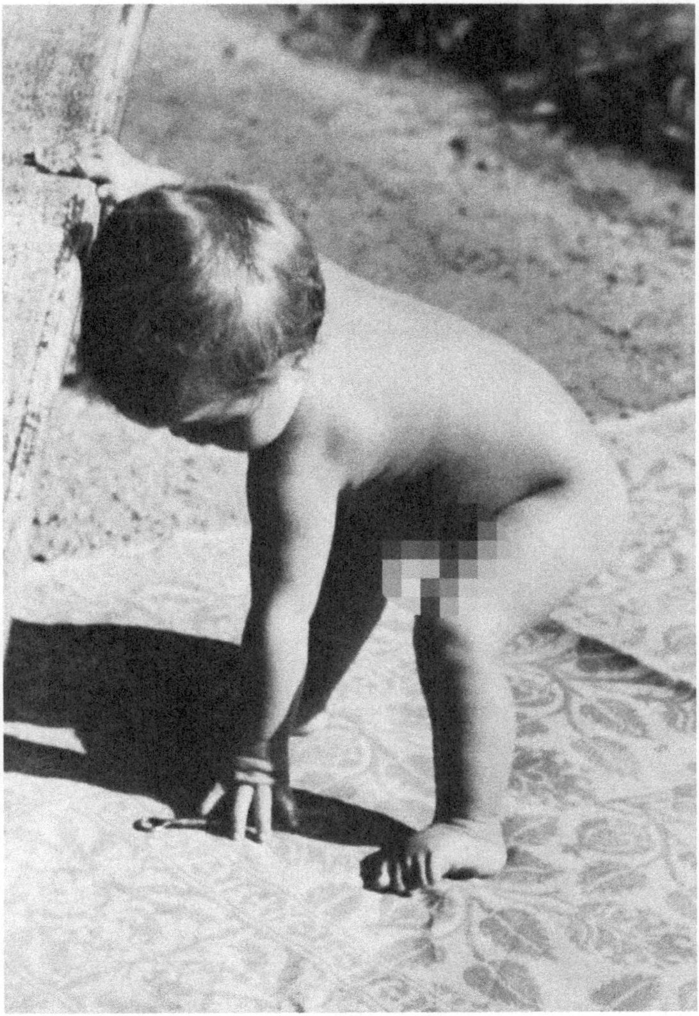

37

BILD 38
DREIZEHN MONATE ALTER JUNGE
Hockt, auf den ganzen Sohlen ruhend

Eine weitere Phase der Entwicklung. Das Körpergewicht des Kindes ruht fast vollständig auf den beiden Sohlen, und seine Haltung ist viel sicherer als die des mit ihm fast gleichaltrigen Kindes auf den beiden vorangehenden Bildern (die noch sehr unsichere Haltung, die wir auf Bild 35 sahen, gar nicht zu erwähnen). Gewiss, auch dieses Kind spreizt seine Beine, um sich stabiler zu fühlen. Außerdem lehnt es sich ein wenig auch mit dem rechten Oberarm an den Waschtrog, das ist für es auch noch notwendig. Als dieses Bild aufgenommen wurde, konnte das Kind schon gut kriechen, doch noch nicht ganz frei stehen.

38

BILD 39
ELF MONATE ALTES MÄDCHEN
Steht auf den Fußspitzen, sich anlehnend

Wie ein Pfeil streckt es sich lang, schön und gerade in die Höhe. Das Kind steht neben der Wand, hoch auf den Fußspitzen. Mit der rechten Hand stützt es sich gerade noch an, mit der linken Hand versucht es, den Zipfel des herunterhängenden Tuches zu erreichen. Auf dem Bilde ist es gerade dabei, es vom Fenstersims herunterzuziehen. Sicher, schön und frei vollführt es diese Bewegung, obwohl es zu diesem Zeitpunkt ohne Stütze, ohne sich anzuhalten noch nicht stehen konnte. Vom freien Gehen war es noch weit entfernt. Wenn wir das Bild betrachten, ist das fast unglaublich. Auf dem Bild scheint das Kind schon sicher auf den Füßen zu stehen – zumindest haben wir dieses Gefühl. Das Kind aber nicht. Es ist noch unsicher. Es übt weiter, bis es seiner Sache ganz sicher ist. Es gibt besser acht auf sich, als wir Erwachsenen auf es aufpassen können. Es ist sehr vorsichtig – solange niemand es stört. Es weiß genau, was zu unternehmen es sich erlauben kann.

39

BILD 40
FÜNFZEHN MONATE ALTER JUNGE
Steht, ohne sich zu halten

Er hat eine neue Entwicklungsstufe erreicht.
Er ist schon oft aufgestanden, doch in der Regel sich mit der Hand anklammernd, sich stützend. Jetzt versucht er das erste Mal aufzustehen, ohne sich anzuklammern. Das ist sehr gut gelungen. Er stellt sich ganz auf die Sohlen, doch der größeren Sicherheit halber klammert er sich mit den Zehen am Teppich an, mit der rechten Hand balanciert er noch in der Luft. Die Beine sind noch nicht ganz ausgestaltet; sie sind wie bei jedem Kind, das noch nicht frei gehen kann. Die etwas einwärtsgebogenen Gliedmaßen werden sich später beim Gehen von selbst ausrichten.

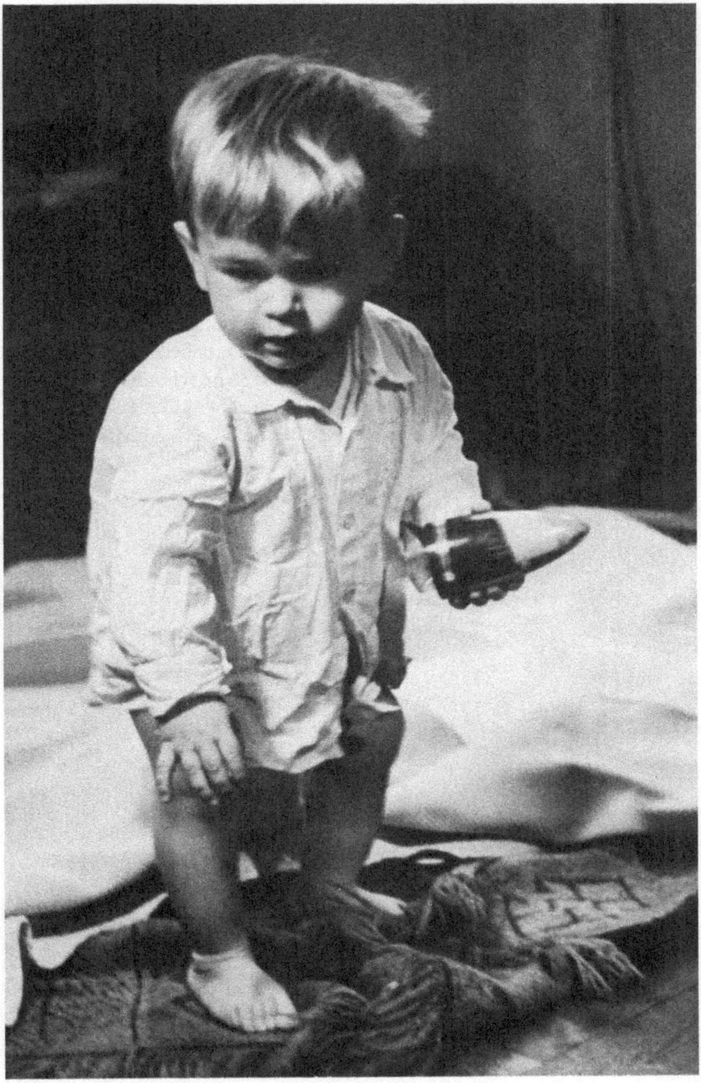

40

BILD 41

FÜNFZEHN MONATE ALTER JUNGE

Der erste Schritt

Eben macht das Kind die ersten Schritte, es macht sich auf seinen ersten Weg. Es steht sicher auf seinen beiden Beinen, aber beim Gehen spreizt es sie sehr weit auseinander, nur so fühlt es sich sicher, wie die Seeleute auf dem schaukelnden Schiff. Auch an der Haltung der Hände sieht man, wie unsicher es ist: als würde es mit beiden Händen balancieren. Es hat sich auch nicht ganz aufgerichtet – als wäre es immer bereit, sich auf alle viere herabzulassen. Wenn ein Kind das erste Mal anfängt *aufzustehen*, dann stellt es seine Füße breit, möglichst weit auseinander. In dem Maße, wie die Fähigkeit des Stehens sich entwickelt, wie das Kind darin immer geübter wird, nähern sich allmählich die beiden Füße. Auf Bild 40 ist die Haltung der Beine schon fast regelrecht. Wenn dann das Kind zu *gehen anfängt*, kehrt es vorübergehend wieder zu der stark gespreizten Haltung zurück. Die Form der unteren Gliedmaßen ist noch ebenso unentwickelt wie auf dem vorangehenden Bild.

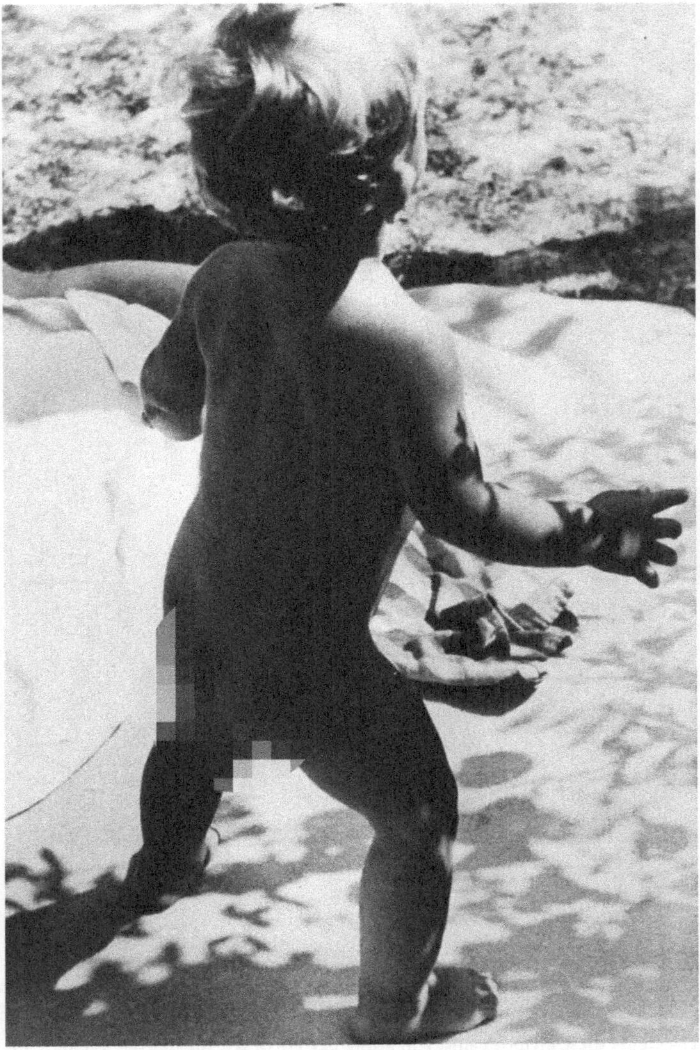

41

42

BILD 42 UND 43
ANDERTHALB JAHRE ALTES MÄDCHEN
Fängt an zu gehen

Die Beine dieses Kindes sind von ähnlicher Form wie die der beiden anderen Kinder auf den vorangehenden Bildern: Sie haben sich noch nicht ausgeformt Es begann einige Tage vor der Aufnahme zu gehen. Vorsichtig, langsam, behutsam, tastend schreitet es. Es will die Sache nicht übereilen.

43

Jeden seiner Schritte beobachtet es genau. Seine Hände hält es balancierend nach vorn. Obwohl es mit gespreizten Beinen, auf ganz breitem Grund geht, benimmt auch es sich wie ein Seiltänzer. Das Gehen ist für es noch eine ähnlich große Aufgabe wie für den Seiltänzer das Gehen auf dem Seil. Die Sache interessiert es, und es nimmt sie auch sehr ernst. Die Stellung der Beine ist nicht so stark gespreizt wie bei dem vorangehenden Kind auf Bild 41. Auf Bild 43 ist es gerade dabei, das Körpergewicht auf das linke Bein zu verlegen.

BILD 44
ZWEI JAHRE ALTES MÄDCHEN
Auf der Treppe (vorsichtig, noch balancierend)

Dieses Kind hat schon das Gehen gelernt. Auf ebenem Boden geht es ohne jede Schwierigkeit. Hier aber versucht es eine besonders schwere Aufgabe: Es geht eine Treppe mit verhältnismäßig hohen Stufen herab, und zwar nicht auf allen vieren kriechend, obwohl das für es vielleicht noch leichter wäre, sondern es versucht auf den Beinen herunterzukommen. Es stellt sich seitlich hin, die Hände hält es in Bereitschaft, sodass, falls notwendig, es sich mit ihnen auch unterstützen kann. Man sieht, dass es die ganze Aktion außerordentlich langsam und vorsichtig ausführt, da es sich auf der Treppe noch unsicher fühlt.
Der rechte Fuß hält sich am Boden kräftig an, während es den linken Fuß vorsichtig auf die untere Stufe stellt. Auch dieses Kind gibt auf sich acht, weil es fühlt, wie groß die Aufgabe ist, die es nun unternommen hat. Es ist auf alle Möglichkeiten gefasst und geht mit der Ernsthaftigkeit und Vorsicht vor, die der Lage entspricht.

44

BILD 45

ZWEI JAHRE ALTER JUNGE

Geht sicher und gut (auf einer Planke)

Wenn wir uns nun noch einmal die Grätschstellung auf dem Bild 35, die unsichere, balancierende Handhaltung auf den Bildern 41, 42 und 43, die Haltung des Kindes bei seinen ersten Schritten auf dem Bild 41 ansehen und dann (auf den Bildern 42 und 43) betrachten, wie die Füße während des Gehens immer näher zueinander gelangten, und das alles mit diesem Bild vergleichen, dann können wir erst den Weg des Stehen- und Gehen-Lernens gut überblicken. Siehe das Resultat: Das Kind bewegt die Füße beim Gehen vollkommen nebeneinander, schreitet frei und sicher.

Auf diesem Bild versucht es etwas Neues: Es geht eine schief gelegte Planke entlang. Es erübrigt sich wohl, zu bemerken, dass niemand dieses Kind zu diesem Spiel ermutigt hat, niemand hat es belehrt. Ganz einfach, ruhig, vertraut bewegt es sich auf dem Brett. Nur ein wenig balanciert es mit beiden Armen wie ein geübter Seiltänzer. Arme, Beine, Hände, Füße, den Rücken, das Genick, den Kopf hält es ganz locker, geschmeidig, es strengt sich nicht an. Frei, leicht, bequem hebt es die Füße.

Es scheint beinahe zu schweben.

Dieses Kind *kann* gehen.

45

BILD 46

NEUN MONATE ALTES MÄDCHEN

Vorstufe des Kriechens auf dem Bauch

Als wollte es sich auf das vor ihm liegende Spielzeug werfen, als wollte es fliegen oder mit dem ganzen Körper springen. Doch eigentlich starten nur der Oberkörper und die Arme – der Rumpf selbst beteiligt sich am Schwung nicht.

Die Beine können dem Rumpf noch nicht vorwärts helfen. Der große Schwung, die große Rüstung zur Aktion ist nur ein Bestreben, nur ein Wollen, und zwar ein erfolgloses Bestreben.

So gelangt das Kind nicht näher zum vor ihm liegenden Spielzeug. Anfangs, wenn die Kinder vorwärtsstreben, geschieht es oft, dass sie zurückrutschen, statt vorwärtszukommen. Diesem Mädchen erging es wahrscheinlich auch so – der große Schwung und die tatsächliche Bewegung stehen nicht im Verhältnis zueinander.

BILD 47

NEUN MONATE ALTER JUNGE

Kriecht auf dem Bauch

Auf dem Bauch rutschend (kriechend) nähert er sich dem Ball, doch in einer ehrfürchtigen Entfernung von ihm hält er an. Er ergreift ihn nicht (oder noch nicht), auch probiert er nicht, wie er schmeckt, er schaut bloß … er schaut. Er beobachtet eingehend. Auch dies ist eine Art des Kennenlernens. Er ist neugierig, abwartend, als würde er darüber sinnen, was er Gutes oder Schlechtes von dem Ball erwarten kann. Seine Haltung ist sehr ausdrucksvoll, als würde er ihn fragen: »Wer bist du?«

Auf diesem Bild ist weniger »Schwung« und mehr Zielbewusstheit. An der Haltung der beiden Arme sehen wir, dass das Kind vorwärtsgelangen kann, wenn es will.

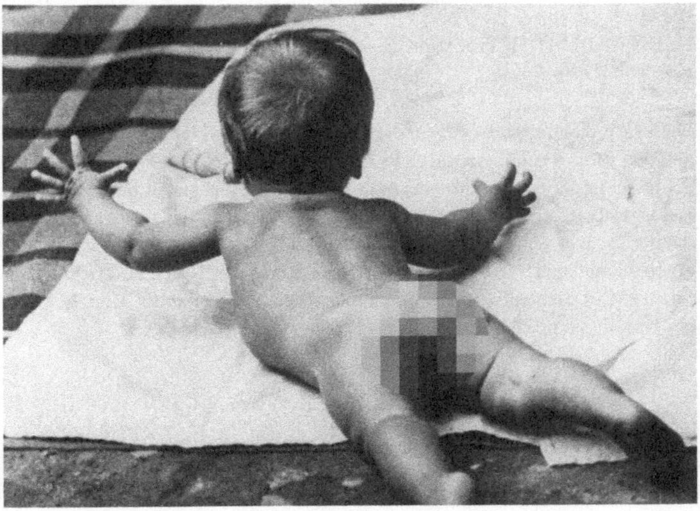

46

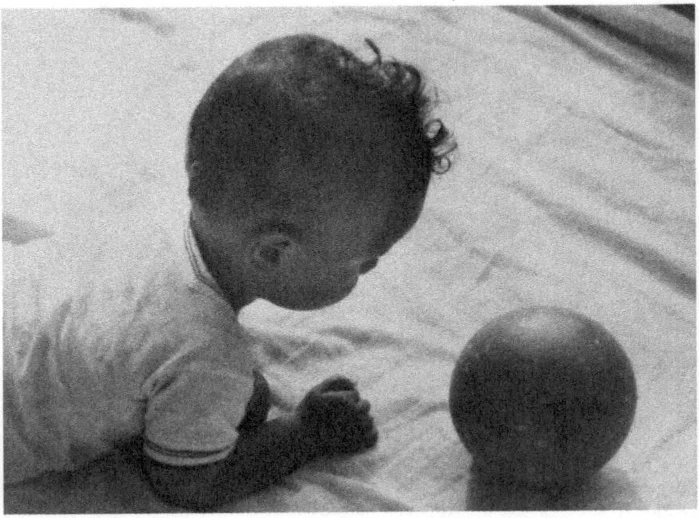

47

BILD 48
NEUN MONATE ALTER JUNGE
Kriecht auf dem Bauch

Dieses Kind kann schon gut auf dem Bauch kriechen. Hände und Beine bringen den Rumpf geübt vorwärts. Es spielte im Zimmer, als es den glänzenden Schlüssel in der Schranktür wahrnahm. Der Schlüssel gefällt ihm, es möchte ihn erreichen, streckt die rechte Hand nach ihm aus. Es erreicht ihn nicht, dazu müsste es sich mehr vom Boden erheben. Das kann es noch nicht. Erst einen Monat später. Als es schon erlernt hat, auf den Knien zu kriechen, erreicht es ihn. Sich aufzusetzen und aufzustellen hat es erst drei Monate später, ein Jahr alt, zu probieren angefangen.

48

BILD 49
EIN JAHR ALTES MÄDCHEN
Kriechendes Kind am Rand des Podiums

Das Kind kroch bis zum Rand des Podiums, um die Bürste zu erreichen. Gleich am Anfang des Kriechens benützte es seine Knie, ohne vorher auf dem Bauch zu kriechen. Man sieht auf dem Bild, dass das Knie dem Kind beim Vorwärtskommen hilft. In dem Alter, als die Aufnahme gemacht wurde, war dies seine höchst entwickelte Bewegungsform. Sitzen und stehen hat es noch nicht versucht. Beobachten wir, wie behutsam es nach der Bürste greift: zielbewusst und mit ausgebreiteten Fingern. Die rechte Hand streckt es nach ihr aus, gleichzeitig sichert es sich mit der linken Hand. Es fasst den Rand des Podiums an, darauf stützt es sich. Mit dem rechten Knie und Bein festigt es sich gewissermaßen. Dreifach sichert es sich, um nicht hinunterzurutschen.

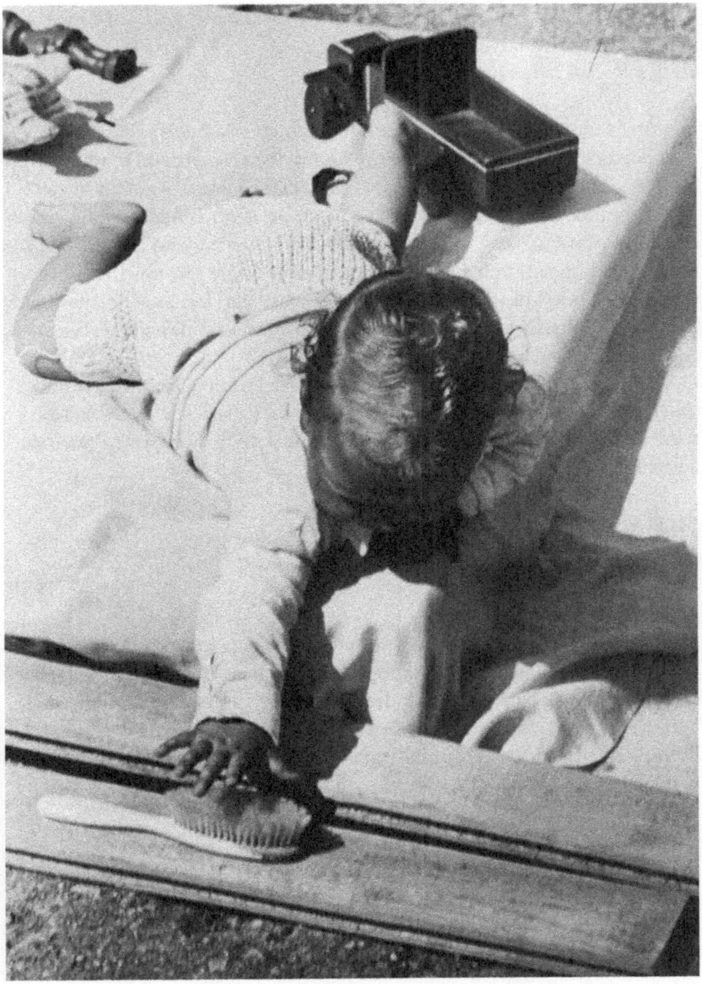

49

BILD 50

EIN JAHR ALTER JUNGE

Spielt auf allen vieren (auf den Knien)

Er stützt sich auf die linke Hand, in der rechten erhobenen Hand zwischen zwei Fingern hält er ganz locker, fein, einen kleinen Kieselstein. Er ist eben dabei, ihn loszulassen. Er beobachtet, wie dieser fallen wird. Ungefähr in diesem Alter kommen die Kinder darauf, dass wenn sie etwas aufheben und dann in der Luft loslassen, das Ding anfängt sich von selbst zu bewegen. Es fällt hinunter. Diese eigentümliche und überraschende Sache (die uns Erwachsenen schon lange bekannt ist), beschäftigt sie monatelang. Ein interessantes Spiel. Der Junge beobachtet vertieft, er ist ganz versunken in den wichtigen Versuch. Alles andere hat er vergessen.

Dieser Junge erhob sich auf die Knie aus jener Position, die wir auf Bild 23 sahen, und begann auf allen vieren zu kriechen. Er kroch sehr geschickt und schnell, aber in diesem Alter probierte er weder sich aufzusetzen noch aufzustehen.

BILD 51

ANDERTHALB JAHRE ALTES MÄDCHEN

Spielt kniend

Es bewegt sich im Allgemeinen auf den Knien fort, es spielt auch so. Eben kniet es auch. Mit einem Schwamm schöpft es Wasser aus einem Waschbecken. Es sonnt sich in einer Ecke des offenen Korridors in einem Mietshaus. Dieses Kind setzt sich und stellt sich manchmal auch schon auf, doch in dieser Position spielt es noch lieber und bequemer.

50

51

BILD 52
FÜNFZEHN MONATE ALTES MÄDCHEN
Kriecht auf allen vieren im Bärengang
(nicht auf Knien, sondern auf den Sohlen)

Es kriecht gerade aus dem Waschtrog heraus, in dem es badete. Noch sieht man an ihm die Wassertropfen. Es stützt sich fest auf beide Hände und bewegt sich langsam, stufenweise vorwärts. Es wird gewiss nicht herausfallen - wir sehen: Es gibt acht auf sich.
Ihm ist es die sicherste Weise, aus dem Trog herauszukommen, denn obwohl es schon vor Kurzem zu gehen angefangen hat, fühlt es sich, auf zwei Beinen stehend, noch nicht sicher genug.
Auch dieses Kind sahen wir schon einmal in demselben Alter auf Bild 28, als es neben dem Trog sitzend spielte.

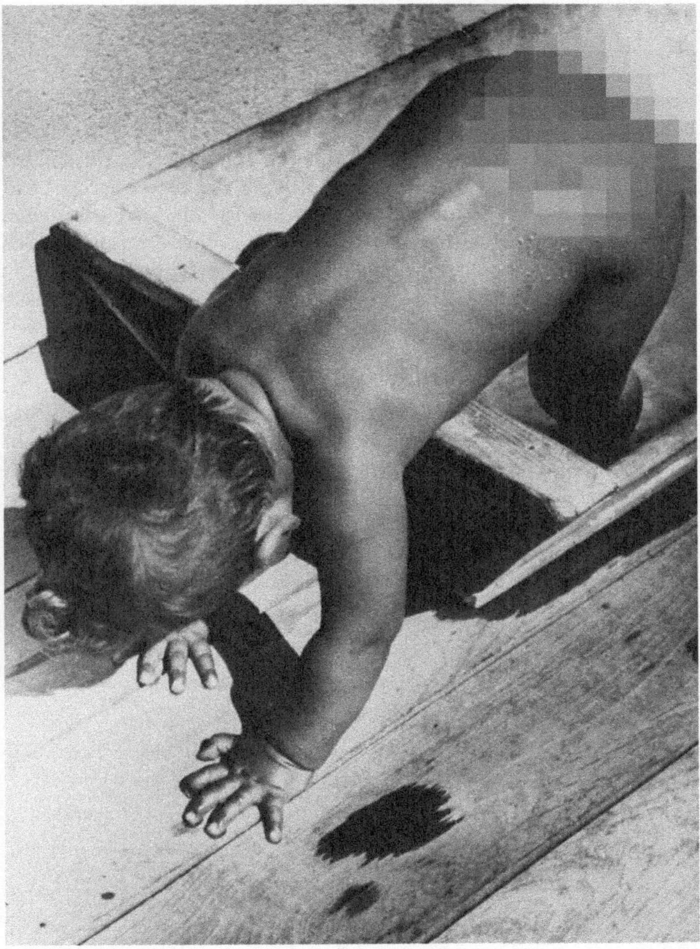

52

BILD 53

EIN JAHR ALTES MÄDCHEN

Kriecht auf Händen und Füßen (die Treppe herunter, Kopf voran)

Es kriecht die Treppe herunter. Es benützt seine Glieder so, dass jedes einzelne an der Erhaltung des Gleichgewichts teilnimmt. Das linke Knie stützt es auf die Steintreppe, aber gleichzeitig fasst es auch mit den Zehen die Stufe. Das rechte Bein streckt es nach vorn seitlich aus und fasst die Stufe nahe ihrem Rande mit den Zehen, auch so hält es sich fest. Es stützt sich hauptsächlich auf die von der Stufe entferntere linke Hand. Es ängstigt sich nicht, wie es weiterkommen wird. Es verfügt über viele Möglichkeiten: Es schiebt sich nach vorn und kommt entweder mit dem rechten oder mit dem linken Fuß weiter, oder es wird vielleicht, sich auf die Ellbogen herunterlassend, seinen Weg fortsetzen.

Ich glaube, dass es niemandem einfällt, dass dieses Kind herunterfallen könnte, obwohl es mit dem Kopf voran abwärtskriecht. Sogar in dieser »Froschhaltung« strömt Sicherheit aus seiner Bewegung. Sein ganzer Körper ist geschmeidig, elastisch. Weder im Rücken noch in den Gliedmaßen ist Anstrengung oder Steifheit. Es hat keine Angst und hat auch keinen Grund, Angst zu haben. Dieses Kind hat sich zwar schon aufgesetzt und aufgestellt, stand aber noch sehr unsicher, und vom Gehen war noch keine Rede.

53

BILD 54
VIERZEHN MONATE ALTER JUNGE
Kriecht auf allen vieren (die Treppe herunter, die Füße voran)

Auch dieser Junge kriecht die Treppe herunter, doch ist er in der Entwicklung schon weiter als das Kind auf dem vorangehenden Bild. Er hat es schon gelernt, dass es besser ist, so auf der Treppe herunterzukriechen, dass man nicht mit dem Kopf voran, sondern die Füße voran sich vorwärtsbewegt. Das Kind schaut zurück und beobachtet genau, wohin es den Fuß stellen soll.
Es ist sich darüber klar, was für Gefahren die Treppe in sich birgt. – Gewiss hat es auf diesem Gebiet reichlich Erfahrungen gesammelt. Offenbar weiß es auch schon, dass es nicht ratsam ist, auf das eiserne Vorlegegitter zu treten. Indem das Kind den rechten Fuß niederstellt, hält es mit beiden Händen die Stufen fest und stützt sich auf das linke Bein. Es gibt acht, dass es nicht herunterfällt. In diesem Alter konnte das Kind schon gut kriechen – auch das Aufstehen hat es zu üben angefangen, doch stand es noch nicht frei, und zu gehen hat es noch nicht versucht.

54

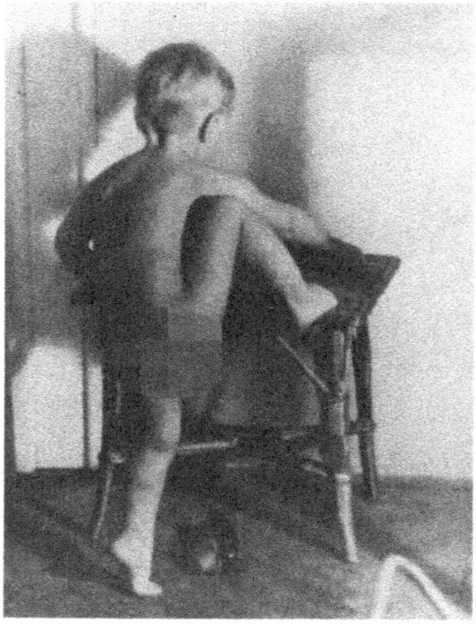

55

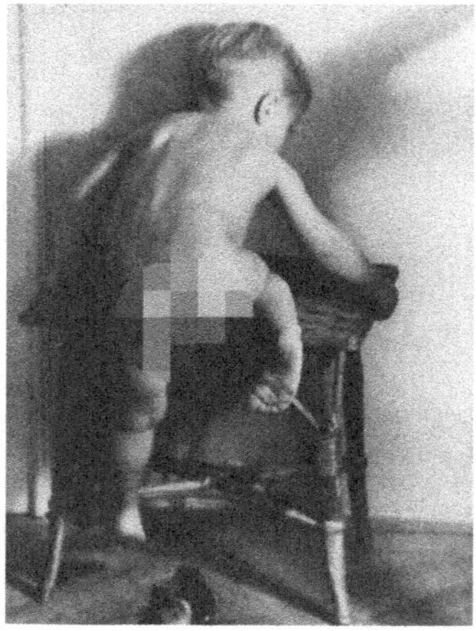

56

BILD 55, 56, 57, 58 und 59
ZWEI JAHRE ALTER JUNGE
Klettert auf den Tisch, richtet sich oben auf

Auf diesen Bildern sehen wir, wie geschickt und dabei wie vorsichtig das Kind auf den Tisch klettert, sich daraufstellt und sich aufrichtet. Erst setzt der Junge gleich seine Sohle auf den Tisch und versucht so hinaufzufinden. Auf diese Weise gelingt der Versuch freilich nicht, dazu ist der Tisch viel zu hoch.
Man muss es also anders probieren. Wenn man nicht die Sohle, sondern das Knie auf die Tischplatte setzt, dann geht es besser. Dabei muss man sich mit beiden Händen seitlich festhalten und langsam nach dem rechten Knie auch das linke Knie nachziehen. Auf dem dritten Bild ist die Sache so weit gelungen. Beide Knie sind bereits auf der Tischplatte. Der Junge hält sich dabei noch mit beiden Händen auf der Tischplatte fest. Dann stellt er sich vorsichtig auf die Sohlen und richtet sich sehr langsam auf, sich teilweise an der Wand haltend.
Wenn wir das erste und das letzte Bild miteinander vergleichen, fällt der große Unterschied auf: Auf dem ersten Bild sehen wir ein Kind mit sicherer Haltung, in stabilem Gleichgewicht; auf dem letzten Bild ist die Sicherheit bedeutend geringer und die Vorsicht viel größer. In dem Maße es beim Klettern höher und höher gelangt, wird es allmählich immer vorsichtiger. Es kennt die Unsicherheit des Tisches, es kennt die Gefahren.

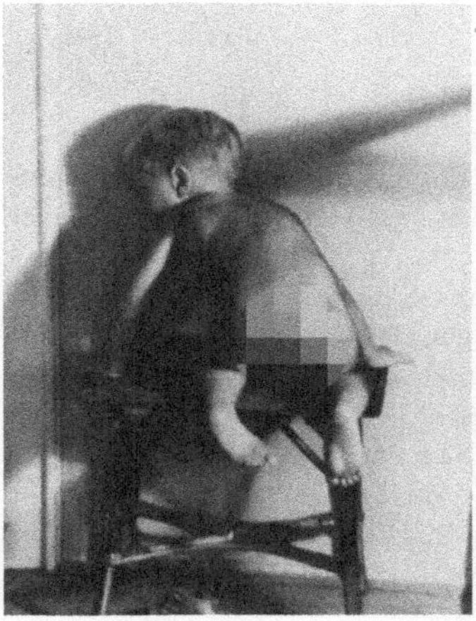

57

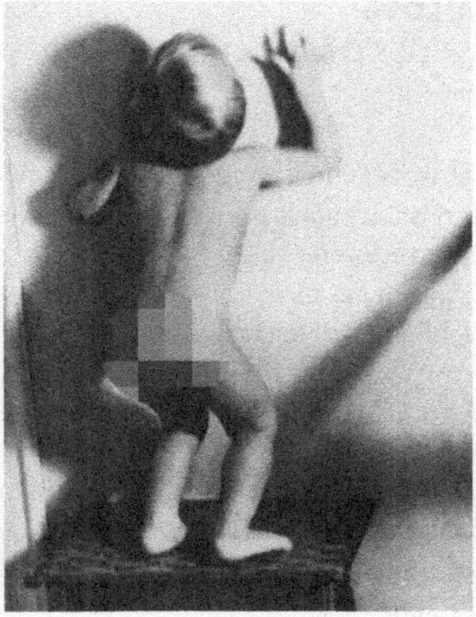

58

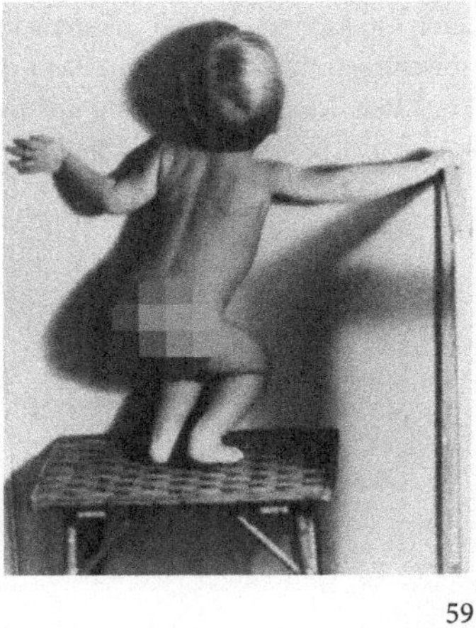

59

Es spielt und turnt zugleich. Auf jedem einzelnen der fünf Bilder sehen wir vollkommene Turnleistungen.
Dieses Kind lässt man ruhig spielen. Niemand schreit es an, niemand holt es vom Tisch herunter. Doch ist es sich im Klaren, dass es selber auf sich bei solchen Unternehmungen achtgeben muss. Dementsprechend verhält es sich auch. Es gibt auf sich acht. Wir können sicher sein, dass ihm nichts passieren wird.

BILD 60

ANDERTHALB JAHRE ALTER JUNGE

Im Fallen

Er ist auf einen Sandhügel hinaufgeklettert. Er ist ausgerutscht und nach hinten und seitlich im Fallen. Er hat, wie man zu sagen pflegt, den Boden unter sich verloren.

Doch er hat nicht seinen Kopf verloren. Im Gegenteil: Er ist Herr der Situation geblieben. Er sucht für seinen Kopf eine günstige Haltung: Er beugt ihn nach vorn, um zu verhüten, dass er ihn anschlägt. Mit dem linken Bein und dem linken Arm hält er sein Gleichgewicht. Seine ganze Haltung ist biegsam; fast scheint er zu fliegen. Mit der rechten Ferse bremst er und bereitet die rechte Hand und den Arm zum Sich-Aufstützen vor. Die Bewegung der Glieder ist harmonisch. Auf seinem Gesicht sehen wir, dass er nicht erschrocken ist; er ist ruhig und aufmerksam.

Er kann fallen.

Man muss auch fallen können. Das ist wichtig für jedes Kind, da kein Kind ohne einige Male hinzufallen aufwächst. Die größeren Wunden und schwereren Quetschungen sind meistens nicht Folgen des Hinfallens, sondern des unrichtigen Hinfallens, wenn das Kind beim Fallen steif und verkrampft ist. Ein Kind, dessen Entwicklung nicht gestört wurde und das von selbst gelernt hat, sich zu bewegen, kann fallen, ohne sich schwer zu verletzen.

60

BILD 61
ZWEI JAHRE ALTES MÄDCHEN
»Spiel«

Auf diesem Bild möchte ich vor allem zeigen, wie schön, sicher, frei die Kleine hockt. Hockend spielt sie mit den Blumen. So gut ist es ihr gelungen, ihre Gleichgewichtsstellung zu finden, dass sie lange ohne Anstrengung in dieser Stellung verbleiben kann.
Beide Hände streckt sie nach den Blumen aus. Behutsam, mit feiner Handbewegung nähert sie sich der Blume. Die Bewegung, die ganze Körperhaltung ist einfach, schön, harmonisch und ausdrucksvoll. Die Hand ist das feinste Instrument des Menschen. Doch nicht jeder kann mit ihr umgehen. Zu einer dermaßen sicheren, zweckgemäßen und ausdrucksvollen Handbewegung ist nur ein solches Kind fähig, das vollkommen gelernt hat, wozu seine beiden Hände dienen und wie man sie benützt. Nun: Dasselbe Kind sahen wir auch auf dem Bild 11, als es sieben Monate alt war. Wir sahen, wie es seine Hände beobachtete, hin- und herdrehte, ausprobierte, wie es sie studierte, wie es sich mit ihnen bekannt machte, mit ihnen spielte, experimentierte. Auf einem anderen Bild (26), ein halbes Jahr später, hat es sich noch immer mit seinen Händen beschäftigt. Es hatte Zeit. Niemand drängte es, nichts hat seine Aufmerksamkeit davon abgelenkt. Jetzt sehen wir das Resultat: Es hat gründlich gelernt, mit seinen Händen umzugehen.

61